CONTEÚDO DIGITAL PARA ALUNOS
Cadastre-se e transforme seus estudos em uma experiência única de aprendizado:

1 Entre na página de cadastro:
https://sistemas.editoradobrasil.com.br/cadastro

2 Além dos seus dados pessoais e dos dados de sua escola, adicione ao cadastro o código do aluno, que garantirá a exclusividade do seu ingresso à plataforma.

1121753A1289334

3 Depois, acesse:
https://leb.editoradobrasil.com.br/
e navegue pelos conteúdos digitais de sua coleção :D

Lembre-se de que esse código, pessoal e intransferível, é valido por um ano. Guarde-o com cuidado, pois é a única maneira de você acessar os conteúdos da plataforma.

CB037167

Editora do Brasil

APOEMA

ARTE 6

COLEÇÃO APOEMA ARTE

AUBER BETTINELLI
- Formado em Desenho Industrial com habilitação em Programação Visual pela Faculdade de Comunicação e Arte do Mackenzie
- Ator e coautor de ações artísticas que mesclam o teatro, a literatura e a educação em trabalhos coletivos
- Autor, pesquisador, formador e coordenador de projetos em educação e arte-cultura
- Desenvolvedor de materiais, jogos educativos e intervenções poéticas

CAMILA CARRASCOZA BOMFIM
- Formada em Contrabaixo pela Faculdade de Artes Alcântara Machado
- Mestre e doutora em Musicologia pelo Instituto de Artes da Unesp
- Professora e autora de artigos e capítulos de livros de educação musical
- Musicista e contrabaixista

STELLA RAMOS
- Formada em Educação Artística pela Unicamp
- Pesquisadora, formadora, mediadora e coordenadora de projetos em educação e arte-cultura
- Desenvolvedora de materiais, jogos educativos e intervenções poéticas
- Pesquisadora e arte-educadora em artes visuais

TALITA VINAGRE
- Formada em Ciências Sociais pela PUC-SP
- Mestre em Ciências Sociais pela PUC-SP
- Pesquisadora em dança contemporânea
- Arte-educadora em dança

TIAGO LUZ DE OLIVEIRA
- Formado em Direção Teatral pela Escola de Comunicações e Artes da USP
- Mestre em Artes Cênicas pela Escola de Comunicações e Artes da USP
- Pesquisador e arte-educador em teatro em espaços culturais

1ª edição
São Paulo, 2019

Dados Internacionais de Catalogação na Publicação (CIP)
(Câmara Brasileira do Livro, SP, Brasil)

Apoema arte 6 / Auber Bettinelli...[et al.]. – 1. ed. – São Paulo: Editora do Brasil, 2019. – (Coleção apoema)

Outros autores: Camila Carrascoza Bomfim, Stella Ramos, Talita Vinagre, Tiago Luz de Oliveira.
ISBN 978-85-10-07545-9 (aluno)
ISBN 978-85-10-07546-6 (professor)

1. Arte (Ensino fundamental) I. Bettinelli, Auber. II. Bomfim, Camila Carrascoza. III. Ramos, Stella. IV. Vinagre, Talita. V. Oliveira, Tiago Luz de. VI. Série.

19-26722 CDD-372.5

Índices para catálogo sistemático:
1. Arte: Ensino fundamental 372.5

Maria Alice Ferreira - Bibliotecária - CRB-8/7964

© Editora do Brasil S.A., 2019
Todos os direitos reservados

Direção-geral: Vicente Tortamano Avanso

Direção editorial: Felipe Ramos Poletti
Gerência editorial: Erika Caldin
Supervisão de arte e editoração: Cida Alves
Supervisão de revisão: Dora Helena Feres
Supervisão de iconografia: Léo Burgos
Supervisão de digital: Ethel Shuña Queiroz
Supervisão de controle de processos editoriais: Roseli Said
Supervisão de direitos autorais: Marilisa Bertolone Mendes

Coordenação editorial: Maria Helena Webster
Consultora de Artes e Linguagens: Gisa Picosque
Edição e preparação de texto: Camila Kieling e Nathalia C. Folli Simões

Pesquisa iconográfica: Priscila Ferraz e Tempo Composto Ltda.
Assistência de arte: Carla Del Matto
Design gráfico: Patrícia Lino
Capa: Megalo Design
Imagem de capa: Museu do Estado de Pernambuco (Mepe), Recife. Fotografia: Romulo Fialdini/Tempo Composto
Ilustrações: André Toma, Andrea Ebert e Marcos Guilherme
Coordenação de editoração eletrônica: Abdonildo José de Lima Santos
Licenciamentos de textos: Cinthya Utiyama, Jennifer Xavier, Paula Harue Tozaki e Renata Garbellini
Produção fonográfica: Marcos Pantaleoni
Controle de processos editoriais: Bruna Alves, Carlos Nunes, Rafael Machado e Stephanie Paparella

Produção: Obá Editorial
Direção executiva: Diego Salerno Rodrigues, Naiara Raggiotti
Equipe editorial: Alessandra Borges, Felipe Ramos Barbosa, Gabriele Cristine B. dos Santos, Karen Suguira, Nara Raggiotti e Patrícia da Silva Lucio
Revisão: Amanda Zampieri, Bartira Costa Neves, Beatriz Simões Araujo, Daniel Libarino, Daniela Lopes Vilarinho, Elaine Silva e Maurício Katayama
Equipe de arte: Gustavo Abumrad (coord.), Bárbara Souza, Christian Herrman, Cristina Flores, Daniela Capezzutti, Gleison Palma, Kleber Bellomo, Renata Toscano e Rosemeire Cavalheiro

1ª edição/4ª impressão, 2024
Impresso na Forma Certa Gráfica Digital.

Avenida das Nações Unidas, 12901
Torre Oeste, 20º andar
São Paulo, SP – CEP: 04578-910
Fone: +55 11 3226-0211
www.editoradobrasil.com.br

APRESENTAÇÃO

Caro aluno e cara aluna,

Este livro é um convite para uma caminhada por trilhas e clareiras que vão permitir a você refletir, criar, se expressar – e assim dialogar de forma singular e prazerosa com as artes.

Você convive com a arte no seu cotidiano. Ela está presente, de forma espontânea ou intencional, de muitas maneiras: no som e nos gestos das pessoas, nos refrãos que são cantarolados despreocupadamente, nas manifestações culturais, no sabor que vem do aroma da cozinha, no *design* de objetos, na pintura corporal indígena, na expressão da cultura afro-brasileira, nos grafites coloridos de uma parede, nos monumentos históricos – enfim, em variadas expressões.

Nosso convite é para que você seja o personagem principal nesse cenário e, assim, deixe de ser apenas um observador e participe intensamente dos processos que propomos aqui – investigando e fazendo descobertas de acordo com as próprias experiências, ideias e valores ao perceber com a mesma curiosidade o que está próximo e parece familiar e o que está distante e pode gerar estranhamento. Nesses diálogos, você vai poder dar novos significados ao que está ao seu redor e até mesmo olhar o mundo como um grande campo de possibilidades.

Sua cidade faz parte de você e você faz parte dela. Umas das formas de estabelecer essa relação é pelos caminhos da arte. A construção desses significados inicia-se quando paramos, refletimos e formulamos um pensamento em relação a eles.

Para que isso ocorra, ao longo do livro, você será o convidado principal para falar com base em sua percepção. O livro possibilita que você estabeleça diálogos: consigo mesmo, com seus colegas, com o professor, com sua família, com o que está ao seu redor, com o que está acontecendo em todo o mundo.

Você é o protagonista dessa história.

Você está construindo sua história.

Um abraço,

Os autores

CONHEÇA O SEU LIVRO

Este conteúdo foi desenvolvido para promover um encontro entre você e as artes, com o objetivo de torná-lo protagonista desse diálogo e de sua própria história.

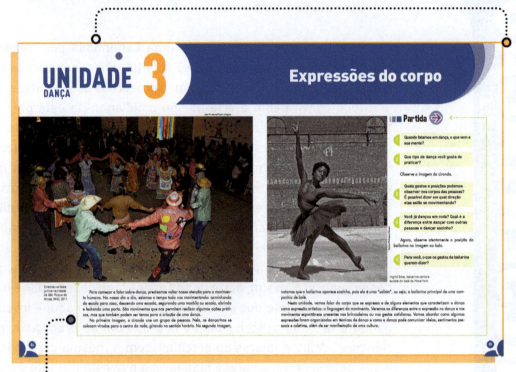

ABERTURA DE UNIDADE
Abre a unidade e introduz os temas que serão tratados nos capítulos.

SEÇÃO DE DESENVOLVIMENTO
Partida: prática inicial do percurso de experiências e aprendizagens que serão apresentadas ao longo da unidade.

ABERTURA DE CAPÍTULO
Abre o capítulo e introduz o tema a ser tratado.

SEÇÃO COMPLEMENTAR
Coordenadas: aborda elementos da linguagem relacionados aos caminhos.

ÍCONE DE ÁUDIO
Sugere um áudio disponível no Portal da coleção Apoema Arte.

SEÇÃO COMPLEMENTAR
GLOSSÁRIO: CONCEITOS E VOCABULÁRIOS UTILIZADOS NO TEXTO.

SEÇÃO COMPLEMENTAR
Trajetória: entrevistas e depoimentos.

SEÇÃO DE DESENVOLVIMENTO
Caminhos: apresenta a jornada a partir da discussão de uma situação concreta.

SEÇÃO DE DESENVOLVIMENTO
Andança: atividades práticas que exercitam a reflexão proposta na Trilha.

SEÇÃO COMPLEMENTAR
Mirante: contextualização com conteúdos abordados em outro componente curricular.

SEÇÃO COMPLEMENTAR
Ampliar: apresenta novas possibilidades de pesquisa relacionadas ao tema.

SEÇÃO COMPLEMENTAR
Conexões: relações entre as linguagens da arte, ampliando o olhar em relação ao fazer artístico.

SEÇÃO DE DESENVOLVIMENTO
Chegada: prática final do percurso de experiências e aprendizagens ao longo da unidade.

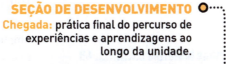

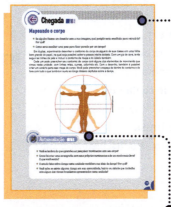

SEÇÃO COMPLEMENTAR
Clareira: contextualização de movimentos artísticos ou pessoas.

SEÇÃO DE DESENVOLVIMENTO
Trilha: explora uma das abordagens possíveis relacionada ao tema.

SEÇÃO COMPLEMENTAR
Autoavaliação: práticas avaliativas sobre o percurso percorrido.

SUMÁRIO

UNIDADE 1 – Imagens de mim **8**

Partida..**8**

Capítulo 1 – Eu: linha, forma e cor! **10**

Caminhos – "Eu mesmo" em diferentes representações 12

Clareira – Segall e Cuevas: duas trajetórias em autorretratos...13

Andança – Sua alma, sua palma!....................14

Mirante – A palma da minha mão sou eu 16

Coordenadas – Lugares da arte 18

Mirante – Expressionismo: como eu sinto e vejo o mundo?...20

Trilha – Cubismo: novas dimensões na representação do mundo................................22

Trilha – Cores e olhares 26

Coordenadas – O elemento cor 28

Conexões – A Lagoa do Abaeté 30

Andança – Estudo sobre mim! 31

Capítulo 2 – Mundos interiores **32**

Caminhos – Um retrato de quem somos.........34

Andança – O corpo em comum......................34

Trilha – Arte e identidade étnica....................36

Mirante – Arthur Timótheo da Costa – Trajetória notável...38

Trilha – Bidimensionalidade e tridimensionalidade 39

Conexões – Cores e sons de Caymmi 42

Coordenadas – Escultura....................................43

Andança – Um retrato em duas dimensões 44

Andança – Criando uma animação 44

Ampliar – A animação O menino e o mundo ...46

Chegada – Para eu me compor em imagem 47

Autoavaliação **47**

UNIDADE 2 – Eu e minhas histórias.............. **48**

Partida... **48**

Capítulo 1 – Eu, corpo e voz........................ **50**

Caminhos – Um encontro de presenças...........52

Andança – Jogo do espelho............................53

Trilha – As histórias que contamos 54

Clareira – O griot Sotigui Kouyaté.....................55

Conexões – Lendas do Brasil 56

Mirante – História dentro de outra história......57

Andança – Contando histórias em grupo 58

Andança – Inventando uma história em grupo.. 58

Trilha – Contar com o corpo todo 59

Andança – Rosto expressivo 61

Trilha – Corpo expressivo 61

Clareira – Marcel Marceau 62

Trilha – Diferentes histórias, diferentes narradores 63

Clareira – Peter Brook.......................................64

Trilha – Diferentes narradores, diferentes pontos de vista 65

Mirante – O cordel...66

Andança – Contando com o cordel..................68

Trilha – Diferentes pontos de vista, múltiplas possibilidades..68

Conexões – Xilogravura: a ilustração dos cordéis 69

Capítulo 2 – Dar forma à sua história **70**

Caminhos – Expressando-se para contar histórias 72

Trilha – Explorando o monólogo 73

Andança – Jogo de mímica 75

Trilha – Explorando o circo 76

Andança – Jogo circense 78

Trilha – Auto da Compadecida 79

Conexões – Corpo, voz e tecnologia 81

Ampliar – Outras histórias 82

Chegada – Trocando e compondo histórias 83

Autoavaliação **83**

UNIDADE 3 – Expressões do corpo.............. **84**

Partida... **85**

Capítulo 1 – Eu, movimento! **86**

Caminhos – A expressão nos movimentos cotidianos e na dança....................................88

Trilha – Primeiros passos 88

Coordenadas – Passos do balé clássico 89

Andança – Mova-se como eu!.........................90

Coordenadas – Origens da ciranda no Brasil ...90

Trilha – A dança como movimento coletivo 91

Clareira – Pina Bausch e a dança-teatro 91

Trilha – Dança ou brincadeira? 92

Andança – Bater asas e voar! 92

Trilha – Movimentos e tipos de dança 93

Conexões – Danças pelo Brasil 94

Trilha – Movimentos e direção 96

Clareira – O passinho 98

Mirante – Companhia do Balé Folclórico
da Bahia 99

Andança – Imaginação e movimento 100

Clareira – Grupo Cena 11 Cia. de Dança 101

Capítulo 2 – Meu corpo, minha fala 102

Caminhos – Os gestos e seus significados 104

Trilha – Duas versões de uma mesma
coreografia 104

Conexões – A dança moderna e o
Expressionismo 106

Trajetória – Denise Telles Hofstra 107

Coordenadas – Os fatores de movimento 108

Andança – Passeando por temas
de movimento 109

Trilha – Dança e improviso 110

Trilha – Movimentos inspirados
nos animais 111

Andança – Construindo uma coreografia com
seu próprio nome 112

Andança – Uma coreografia coletiva! 112

Clareira – Merce Cunningham e a dança
do acaso 113

Ampliar – Billy Elliot: um menino no balé 114

Chegada – Mapeando o corpo 115

Autoavaliação 115

■■▯▯ **UNIDADE 4 – O corpo musical 116**

Partida 117

Capítulo 1 – Eu, música! 118

Caminhos – Explorando a música a partir
do corpo 120

Coordenadas – Qualidades do som 121

Andança – Criando um repertório musical 122

Trilha – Tradições e seus registros 123

Mirante – Registros artísticos da capoeira 126

Trilha – A sua voz 128

Clareira – O mistério das vozes búlgaras 128

Conexões – As múltiplas dimensões
da congada 129

Mirante – O pequi e o aguaí na cultura
brasileira.. 130

Andança – Construindo um instrumento 130

Capítulo 2 – Música, eu faço! 134

Caminhos – Explorando a música a partir
dos instrumentos 136

Andança – Instrumentos ao seu dispor 138

Coordenadas – O piano 139

Trilha – Instrumentos musicais formais 140

Conexões – Uma escultura cantante 143

Mirante – A canção e a cultura brasileira 144

Ampliar – Kalapalos do Xingu 146

Chegada – Brincando com os sons 147

Autoavaliação.. 147

■■▯▯ **ARTES INTEGRADAS – Somos muitos 148**

Partida 148

Festas populares: Quem sou, quem somos? .. 150

• Norte: Marabaixo – Amapá 150

• Centro-Oeste: Dança dos mascarados –
Mato Grosso 150

• Sul: Boi-de-Mamão – Santa Catarina 151

• Nordeste: Ritual do Toré – Pernambuco 151

• Sudeste: Congo 152

Patrimônio cultural: raízes, misturas
e vozes 153

Cultura material e imaterial: O que é meu,
o que é nosso? 153

• Personagens: narrativas que vêm daqui 155

Meus personagens: daqui para o mundo! 156

Momento lúdico 156

Chegada – Construção da comunidade 158

Autoavaliação.. 158

Referências.. 159

Documentos 160

Referências *on-line*....................................160

UNIDADE 1
ARTES VISUAIS

 Partida

Para começar uma conversa sobre o que chamamos de artes visuais, é importante falar de imagens. O mundo é cheio delas! Com certeza, até hoje, você já deve ter criado imagens diversas vezes, seja desenhando com um lápis no papel, seja riscando a terra com o dedo. Todas as vezes em que você fez um desenho a pedido do professor/professora, estava criando uma imagem, ou seja, tentando comunicar algo que observou atentamente com seus olhos, ou que estava em sua memória, ou que foi totalmente inventado pela sua imaginação.

1 As figuras ao lado se parecem com alguém de verdade?

Nos dois capítulos desta unidade, vamos explorar diversas imagens que apresentam pessoas. Perceberemos que há tantas pessoas diferentes quanto jeitos de representar cada uma delas. É na diversidade de linguagens visuais, materiais e formas utilizados pelos artistas que podemos entender como as artes visuais fazem parte da nossa vida, constituindo uma linguagem que utilizamos o tempo todo, mesmo sem perceber.

Niki de Saint Phalle. *Double head*, 1998. Mosaico de vidro e espelho, 123 cm × 79 cm.

2 Olhando novamente para as figuras, você consegue perceber quais formas geométricas existem nelas?

3 Como estão distribuídas as formas nas imagens? Estão separadas? Encaixadas? Elas se misturam ou estão separadas?

Imagens de mim

Ismael Nery. *Autorretrato*, 1927. Óleo sobre tela, 129 cm × 84 cm.

CAPÍTULO 1

Eu: linha, forma e cor!

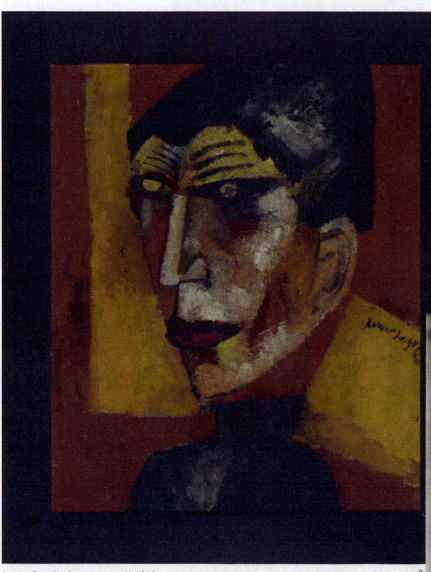

Lasar Segall. *Autorretrato II*, 1919. Óleo sobre tela, 68 cm × 58,5 cm.

Lasar Segall, c. 1919.

José Luis Cuevas.

José Luis Cuevas. *Autorretrato*, 1995. Escultura de bronze, 83,5 cm × 61 cm × 49 cm.

> **Glossário**
>
> **Representar:** consiste em escolher ou criar imagens, formas, palavras, ou símbolos para expressar uma ideia, um significado, algo ou alguém.
> **Expressivo:** é uma qualidade do que é capaz de comunicar com intensidade. Uma pincelada pode ser expressiva por conseguir representar uma força além do que se vê.

As imagens mostram uma pintura e uma escultura. São dois autorretratos ao lado da fotografia de seus respectivos autores.

- Qual é a diferença entre os autorretratos em pintura e escultura e as fotografias?
- Para você, o que levou cada um dos artistas a representar o próprio rosto desse jeito?

Existem muitas formas de **representar** algo ou alguém por meio de uma imagem! E isso não se refere apenas à linguagem visual escolhida, como desenho, pintura, colagem... mas à maneira como usamos essas linguagens visuais. Por exemplo, você pode usar a linguagem visual do desenho a lápis, mas decidir que seu desenho será feito só com linhas retas ou, então, que fará o desenho inteiro sem tirar a ponta do lápis do papel. Para cada escolha que você fizer, terá um resultado **expressivo** diferente.

- Nos autorretratos apresentados, você percebe alguma forma ou linha que tenha semelhança com os traços físicos do artista?

CAMINHOS
"Eu mesmo" em diferentes representações

Para começar nossa jornada pelo mundo das imagens, vamos relembrar quais são os elementos básicos da linguagem visual: o ponto, a linha e a forma.

O ponto é o menor elemento que pode ocupar um **campo visual**. Trata-se da unidade básica que demarca uma referência em meio ao espaço vazio do papel, da tela etc.

Quando posicionamos pontos lado a lado em sequência, passamos a construir um segundo elemento visual: a linha.

A linha é o elemento que divide ou percorre o campo visual, desenha caminhos que nossos olhos podem seguir. Ela também cria limites: divide um lado do outro, o dentro e o fora.

Quando uma linha se fecha sobre si mesma, ela determina uma forma.

A forma é a parte que se distingue do todo. É o elemento que se pode perceber individualmente, tendo um fim em si mesmo. As formas geométricas básicas são o ponto de partida para formas complexas. São elas: o círculo, o quadrado e o triângulo.

> **Glossário**
> **Campo visual:** é um espaço delimitado onde se encontram as informações visuais. Por exemplo, cada dupla de páginas deste livro determina um campo visual que é normalmente ocupado por letras e imagens.
> **Realista:** é uma palavra que qualifica a tentativa de apresentar o mundo do modo como o vemos objetivamente, ou seja, o mais parecido possível visualmente com o modo como nosso olho é capaz de percebê-lo.

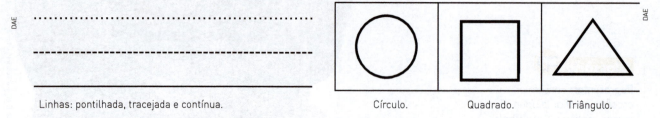

Linhas: pontilhada, tracejada e contínua.   Círculo.   Quadrado.   Triângulo.

Agora que aquecemos nossa memória em relação aos elementos básicos da linguagem visual, vamos observar novamente os autorretratos das páginas anteriores. Todos eles têm pelo menos uma característica em comum: os artistas, nessas obras, optaram por não criar uma representação que tivesse a aparência física real.

Olhe novamente as imagens.

Você pode observar que o trabalho do pintor brasileiro Ismael Nery (1900-1934) apresenta mudanças de tons e áreas de cor mais claras ou mais escuras que delimitam praticamente todas as formas do corpo. As poucas linhas aparecem nos rostos e na paisagem. Algumas formas se fundem com a paisagem ou entre si. Já o mosaico da pintora, escultora e cineasta francesa Niki de Saint Phalle (1930-2002) é todo dividido por linhas e formas bem definidas, a maioria das cores é chapada (sem mudança de tom) e não se mistura. Desse modo, ela cria um jogo com preto, branco e cores diversas distribuídas pelas formas.

Na tela *Autorretrato II,* do artista lituano radicado no Brasil Lasar Segall (1891-1957), por exemplo, fica fácil observar que o artista pode ter olhado no espelho ou para uma fotografia para começar o trabalho, mas ele escolheu outra forma de mostrar a si mesmo. Além das escolhas das cores, se observarmos os olhos (com linhas quase retas fazendo seu contorno) e a cabeça (que parece separada do corpo), percebemos facilmente que não se trata de uma imagem **realista**.

Já na escultura de José Luiz Cuevas (1934-2017), isso fica ainda mais claro. O modo como ele escolheu "organizar" as partes do rosto – esticando, separando, aumentando ou diminuindo algumas formas – revela que sua intenção era ir além de registrar sua aparência física.

● Será possível relacionar a representação que cada artista optou por fazer sobre si mesmo com o que sentimos e pensamos quando os vemos retratados assim?

Clareira

Segall e Cuevas: duas trajetórias em autorretratos

Lasar Segall nasceu em Vilna, na Lituânia, no ano de 1891. Quando tinha 14 anos, entrou para a academia de artes de sua cidade para estudar desenho. Nos anos seguintes, estudou Arte em Berlim e Dresden, na Alemanha. Em 1912, Segall veio pela primeira vez ao Brasil e realizou exposições em São Paulo e, no ano seguinte, em Campinas. Depois disso, voltou à Alemanha e lá fundou com outros artistas um grupo ligado ao Expressionismo alemão. Em 1923, veio morar no Brasil, casou-se com uma brasileira e fixou residência em São Paulo. Faleceu em 1957 e, dez anos depois, a casa onde morava passou a ser o museu que leva seu nome.

O tema dos migrantes aparece em muitas de suas obras, entre outros motivos, pela sua própria história de vida, que o fez mudar de país para escapar de guerras e perseguições. Vários personagens que aparecem em suas criações são autorretratos, como as duas figuras da esquerda que vemos na obra *Emigrantes III*:

Lasar Segall. *Emigrantes III*, 1936. Óleo sobre tela, 86 cm × 197 cm.

José Luis Cuevas nasceu na Cidade do México em 1934. Desde o início de sua carreira, realizou trabalhos que questionavam a arte vigente em seu país, ou seja, a arte e os artistas que eram reconhecidos como os mais importantes daquele momento.

O trabalho de Cuevas é repleto de figuras com corpos e rostos distorcidos, com expressões e traços que aparentam força e também geram estranhamento. Realizou diversos autorretratos com as mesmas características. Apesar de seu trabalho contestador, teve grande reconhecimento e é considerado um dos artistas mais importantes da sua geração. Em 1992, foi inaugurado na Cidade do México o museu que leva seu nome.

José Luis Cuevas. *Autorretrato*, 1981. Tinta sobre papel, 20,2 cm × 17,5 cm.

Observando mais atentamente as quatro imagens que abrem este capítulo, é possível notar que todas elas têm características em comum na sua **composição**. A maneira como os artistas escolheram colocar as figuras, linhas, cores, volume, luz e sombra compõe um conjunto que faz com que possamos perceber a imagem de um jeito ou de outro. De modos diferentes, podemos detectar linhas e formas geométricas em destaque, muitas vezes usadas para representar partes do corpo.

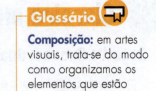

Glossário
Composição: em artes visuais, trata-se do modo como organizamos os elementos que estão dentro de uma obra.

- Você conhece outros artistas que trabalham ou trabalharam com formas geométricas para criarem suas obras? De que maneira as utilizam ou utilizaram? Eles são de sua comunidade? Você saberia nomeá-los?

Formas de usar as formas

Os trabalhos vistos até aqui nos mostram que não há apenas uma forma de representar uma pessoa, sua personalidade ou sua história. Geralmente, quando alguém nos pede para desenhar o outro, ou até a nós mesmos, fazemos isso de modo automático, para tentar representar o que observamos ou lembramos da aparência física. Mas uma pessoa é muito mais do que sua aparência.

Quando deixamos de lado esse modo automático de desenhar, podemos escolher a maneira que melhor se adapta ao que queremos dizer.

- Qual linguagem visual tem mais relação com o que você deseja representar? Pintura, desenho, colagem etc.?
- Dentro de cada uma delas, quais materiais podemos usar?

Tinta acrílica, guache, óleo, aquarela, lápis de cor, giz de cera, giz pastel... Há uma infinidade de possibilidades. Estamos falando de materiais e essa escolha é uma das bases de definição do resultado final.

ANDANÇA

Sua alma, sua palma!

Nesta primeira prática, faremos um desenho de nós mesmos usando o procedimento do lápis sobre papel. A ideia aqui é buscar uma maneira original de mostrar nossa identidade. Para isso, não vamos retratar nosso rosto, mas apenas uma parte de nós: as mãos.

- O que é possível saber sobre uma pessoa olhando apenas para as suas mãos?

Aquecimento

Para descobrir novas possibilidades de expressão com o desenho a lápis, experimente os materiais que tem à mão. Pegue uma folha de papel e lápis. Não usaremos borracha.

Comece percebendo como seria o melhor jeito de segurar o lápis com a mão para que ele deslize sobre a folha de papel.

Faça linhas retas horizontais ao longo da folha de papel, como no esquema da **Folha 1**. Em seguida, tente desenhar uma espiral, partindo do centro para as bordas do papel, como no exemplo da **Folha 2**.

Ao cumprir esse desafio, não se importe com pequenos erros e desvios da ponta do lápis no papel. Para ter mais controle sobre as linhas, acompanhe todo o movimento da mão, fixe o olhar na ponta do lápis e permaneça observando até finalizar o traço.

Agora que seu pulso e sua mão estão aquecidos, as chances de ter mais desenvoltura com as linhas aumentam. A mão que você não usa para desenhar servirá como modelo. Posicione-a na mesa, com a palma voltada para você e... agora vem um detalhe importante! Não tente desenhar a sua mão, mas apenas as linhas que enxerga em toda a palma, assim como as divisões que elas criam!

Atenção: a regra é tentar registrar as linhas da palma da sua mão no papel, percebendo as formas e divisões que elas criam, como se fossem peças de um mosaico. Não importa se o resultado final vai "se parecer" com a imagem de uma mão. O que importa é a qualidade das linhas que você vai registrar.

Conclusão

Ao finalizar esse registro, você obtêm um "mapeamento" das linhas que observou na sua mão: temos um amontoado de riscos espalhados no papel. Você e seus colegas sabem o significado desses riscos? São contornos do seu corpo: linhas que estão presentes em você.

- Como elas são? Sinuosas? Retas? Contínuas ou tracejadas?

Pense sobre isso.
Observe o resultado dos colegas. Conversem sobre as diferenças e semelhanças.
Agora, decida se deseja acrescentar algo ao desenho. Talvez o resultado já esteja interessante para você. Se quiser, é possível fortalecer um traço, fazer ligações entre as linhas, adicionar uma cor ou um contorno.

- Qual cor representaria a pessoa que você é?

Pronto! Seu mapa das linhas da palma da mão está finalizado!

- O que ele poderia comunicar sobre sua personalidade?
- Este mapa poderia ser um autorretrato?

Mostre seu desenho para os colegas e observe os deles. Conversem sobre como foi a prática para cada um de vocês.

- Que dificuldade tiveram? Como foram percebendo as linhas?

Escute com atenção as colocações dos colegas.

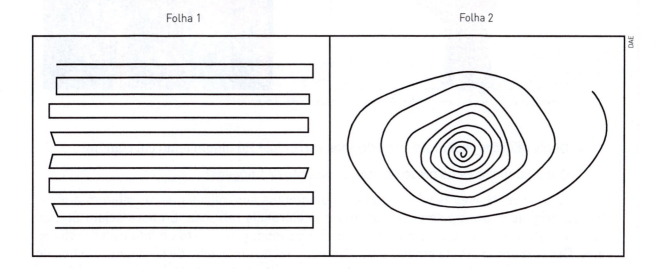

Folha 1   Folha 2

Mirante

A palma da minha mão sou eu

Observe as fotos. Elas fazem parte de uma série em que o artista paulistano Moisés Patrício tirou uma foto da sua própria mão direita, todos os dias, durante três anos.

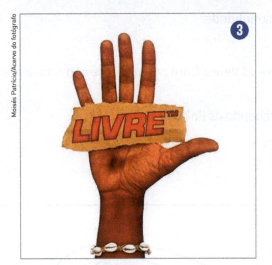
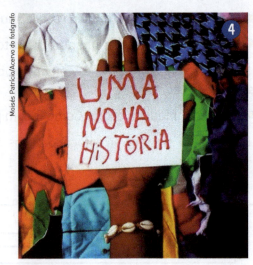

Série *Aceita?*, de Moisés Patrício, 2016. Fotografia digital, tamanhos diversos.

- Quais relações podem ser estabelecidas entre elas? Há algum tema em comum?
- Quais símbolos estão presentes neste conjunto de imagens?

Nesta série, Moisés Patrício apresenta elementos simbólicos que se referem a identidade, origens e, principalmente, racismo e intolerância religiosa. Embora sejam únicas, suas imagens estão inseridas em um processo de repetição – o ato de fotografar todos os dias. Desse modo, o artista produz um acúmulo, criando um acervo de símbolos; um tipo de arquivo que representa seu universo particular, a cultura de matriz africana e também os rótulos ligados a ela, preconceitos reproduzidos e propagados.

Por tudo isso, *Aceita?* é uma obra que provoca reflexões sociais e políticas e dialoga diretamente com as estatísticas que revelam situações de desigualdade enfrentadas pela população negra: a violência, a discriminação e as dificuldades para ter reconhecimento no mundo do trabalho, da política e da arte.

Com o gesto de oferecer elementos simbólicos ao nosso olhar, Moisés questiona o que a nossa sociedade tolera ou não aceita; a religiosidade de matriz africana, suas contribuições culturais, o papel dos artistas negros hoje em dia e até mesmo o que costumamos reconhecer como arte.

Com o desenvolvimento e o aumento do acesso às tecnologias digitais, surgiram modos incomuns de produzir arte dentro do sistema das artes. Esta série, por exemplo, foi desenvolvida e divulgada em uma rede social de imagens. Isso aumentou a visibilidade e o acesso do público ao seu trabalho, chamando a atenção de instituições culturais e galerias que o convidaram a expor seus trabalhos nesses espaços.

Coordenadas

Lugares da arte

- Você sabe onde ficam as obras de artes visuais? Onde são guardadas, preservadas e expostas?

Museu Casa da Xilogravura, Campos do Jordão (SP).

Algumas instituições culturais são as principais responsáveis pela criação, manutenção e divulgação de acervos de artes visuais. Vamos falar aqui de duas principais: os museus e as galerias de arte.

- Você sabe a diferença entre os dois?
- Em sua cidade, há museus e galerias?
- Você conhece museus e galerias de outras cidades?

Os museus são responsáveis, em primeiro lugar, por preservar uma coleção, a qual, geralmente, é chamada de acervo. Há museus com diversas características e focos, como os de ciência, história, arqueologia, futebol, entre outras diversas possibilidades. No caso de museus de arte, os itens que formam essa coleção são obras de arte, geralmente visuais.

Além de cuidar de seu acervo, os museus têm uma função social importante: propor, a partir das suas coleções e exposições, reflexão e diálogo para seus visitantes. Por isso, a ideia de que os museus possam estar voltados apenas para o passado é um olhar incompleto para suas possibilidades. Afinal, o público que o visita pode, inspirado nas obras expostas, criar e recriar significados que dialoguem com sua vida, a sua história e a de sua comunidade.

Os museus de arte também podem ter focos específicos em suas coleções, ligados a um recorte cultural, como o Museu Afro Brasil, por exemplo, ou ainda em linguagens visuais específicas, como é o caso da Casa da Xilogravura, em Campos do Jordão, no estado de São Paulo, ou o Museu de Fotografia, em Fortaleza, no estado do Ceará.

As galerias de arte, por sua vez, reúnem diversos trabalhos de um grupo de artistas escolhidos para formar um catálogo de obras a serem vendidas, prática que não acontece com o acervo do museu. Vários artistas são representados por galerias de arte, que vendem seus trabalhos a colecionadores particulares.

Museu Afro Brasil, São Paulo (SP).

Mirante

Expressionismo: como eu sinto e vejo o mundo?

Oswaldo Goeldi. *O Abandono*, c. 1937. Xilogravura sobre papel. 17 cm × 22 cm.

- O que chama a sua atenção nessa imagem?
- Como você percebe as linhas nessa obra?
- Há cores nessa obra? Qual sensação elas provocam em você?
- Que atitude expressa a figura humana da obra?

Essa obra foi feita por Oswaldo Goeldi (1895-1961), que nasceu no Rio de Janeiro, filho de pai suíço. Logo no primeiro ano de vida, mudou-se com a família para Belém (Pará), onde seu pai assumiu um importante trabalho de pesquisa na área de botânica. A família fixou raízes na cidade e hoje um importante museu de ciência leva o nome do pai: Museu Emilio Goeldi. Para uma visita virtual a esse museu, acesse: ‹www.museu-goeldi.br/›. (acesso em: 21 maio 2019)

Goeldi produziu principalmente **xilogravuras**, como a obra *Abandono*, que você vê na página ao lado. Nessa obra, em vez das pinceladas da pintura, o artista faz linhas fortes e trabalha com o branco e o preto de modo a criar uma cena bastante dramática. Vemos uma figura deitada sobre os joelhos, com as mãos próximas à cabeça. A postura da figura nos faz sentir que ela está sofrendo. Há apenas dois elementos coloridos na cena: o coração da figura humana e a Lua, ambos vermelhos. O céu traz muitos traços com movimento, e temos a impressão de que há muita coisa passando pelo coração daquela pessoa, assim como as nuvens em volta da Lua.

> **Glossário**
>
> **Movimento artístico:** grupo de artistas que se reúne em torno de ideias específicas sobre arte e produz obras que se alinham com essas ideias.
>
> **Xilogravura:** é a arte de fazer impressões usando a madeira esculpida como um molde (matriz). Depois de esculpido o desenho, ele é gravado sobre papel ou outro suporte.

O artista realizou estudos na Suíça, mas não os concluiu. O contato com os expressionistas, no entanto, influenciou seu trabalho, como podemos observar nessa obra.

- **Você já ouviu falar do Expressionismo?**

O Expressionismo é um **movimento artístico** que surgiu inicialmente na Europa, especialmente na Alemanha, no início do século XX, mas influenciou artistas do mundo todo. Esse nome surge da ideia de que a arte é mais do que um meio de representar a essência visual dos objetos e pessoas, é uma forma de expressar o que está no interior de cada um. Para os artistas dessa época, era fundamental que a arte revelasse o seu modo particular de sentir e olhar o mundo. Com frequência, usavam cores fortes e pinceladas bem expressivas, ao contrário do que era usual em pinturas com enfoque realista, em que os pintores faziam diversas camadas com tinta bem diluída, na tentativa de não deixar as pinceladas aparecerem. Desse modo, levavam muito tempo pintando, para criar a ideia de que a imagem retrataria fielmente a realidade.

O Expressionismo rompe essa tendência com pinceladas rápidas e vigorosas. O movimento surge na Europa e ganha bastante força após a Primeira Guerra Mundial, que aconteceu entre os anos de 1914 e 1918. A violência de uma situação de guerra muda a vida de toda uma sociedade e, por consequência, o olhar das pessoas para o mundo. Os artistas ligados ao Expressionismo conectam-se a esse olhar mais subjetivo e introspectivo e pintam baseados em como sentem e veem o mundo após essa experiência. Alguns artistas chegaram a servir ao Exército de seus países durante a guerra.

No Brasil, alguns artistas tiveram bastante influência dessa visualidade. Além de Lasar Segall, a artista Anita Malfatti (1889-1964) pintou sob influência expressionista no início de sua trajetória.

TRILHA
Cubismo: novas dimensões na representação do mundo

A linguagem visual é uma forma de expressão e comunicação, isto é, na maioria das vezes que realizamos uma criação visual, estamos misturando um pouco de observação, memória e invenção, expressando e comunicando nossa intenção.

Transformar uma ideia, uma vontade, em algo material, exige algumas etapas.

- Você já percebeu quantas decisões precisa tomar quando está criando uma imagem (seja ela um desenho, uma colagem ou qualquer criação)? Quais são elas?

Nas primeiras páginas deste capítulo, usamos alguns autorretratos como exemplo.

Grupo de máscaras africanas e orientais em madeira entalhada, 2018.

Para conversar sobre formas de representação, não podemos deixar de falar do Cubismo, pela sua grande influência sobre muitos artistas do mundo todo no início do século XX. Esse movimento artístico foi iniciado por dois pintores, o espanhol Pablo Picasso (1881-1973) e o francês Georges Braque (1882-1963), que buscavam novas formas de representar o mundo **tridimensional** em que vivemos no espaço **bidimensional** da tela – o mundo da arte.

> **Glossário**
> **Tridimensional:** objeto que tem faces nas três dimensões: altura, largura e profundidade.
> **Bidimensional:** objeto que tem faces em duas dimensões: altura e largura.

Quando falamos de bidimensional, referimo-nos a algo que está contido dentro de uma superfície plana, como um papel ou uma tela, por exemplo. Já o tridimensional tem volume palpável, perceptível não só com os olhos, mas também com as mãos. Você vai conhecer melhor as diferenças entre bidimensional e tridimensional no Capítulo 2.

Os artistas Picasso e Braque buscavam criar uma nova língua, um código visual que permitisse traduzir as formas do mundo para a linguagem da arte. Esse é um momento de muita experimentação e reflexão no mundo das artes; artistas, escritores, estudiosos, críticos e filósofos dialogavam e debatiam sobre qual seria a função das artes, sobre o que entendiam por "beleza" (um conceito que se altera em cada época e cultura). Enquanto investigavam e debatiam sobre novas formas de representação, muitos artistas tiveram contato com o que seria a inspiração para os novos rumos das artes visuais: as máscaras africanas.

Na imagem, vemos máscaras tradicionais de diversos povos que vivem em países da África. Utilizadas há séculos por diferentes povos desse continente, elas contêm diversos elementos simbólicos. Nas máscaras africanas, o rosto está representado por elementos geométricos. No estudo de Pablo Picasso, podemos perceber como ele explora a geometria na representação de um rosto.

- Você percebe relações entre a figura de Pablo Picasso e as imagens que mostramos anteriormente, como no autorretrato de Lasar Segall ou de Ismael Nery, por exemplo? Quais?

Pablo Picasso. *Cabeça de mulher dormindo*, 1907.
Óleo sobre tela. 61,4 cm × 47,6 cm.

Jean Dominique Antony Metzinger. *Aldeia*, 1912.
Óleo sobre tela, 91,8 cm × 65 cm.

A pintura *Aldeia*, do francês Jean Metzinger (1883-1956), é um exemplo das ideias que orientaram as criações cubistas. Ela nos ajuda a perceber como a geometria foi usada por esses artistas.

Observe a imagem e identifique:
- telhados de casas;
- uma igreja;
- árvores;
- um animal;
- janelas;
- uma estrada.

Perceba que todos esses elementos estão colocados na imagem como se fossem peças de um quebra-cabeças. A maioria deles não aparece por inteiro na composição, mas pode ser reconhecido por aquilo que seria sua principal característica. O quadro foi construído com linhas retas que formam retângulos, triângulos, losangos e alguns arcos (nas árvores). Além disso, cada fragmento de casa, montanha e árvore apresenta um diferente ponto de vista daquilo que está sendo mostrado. Ou seja, é possível mostrar um pedaço de uma casa vista de frente e outro pedaço visto de lado, construindo toda a paisagem com fragmentos reunidos em um mesmo plano.

A imagem foi criada assim porque os artistas cubistas desejavam mostrar apenas uma parte daquilo que os olhos poderiam ver. Desejavam apresentar ao observador um panorama da imagem retratada da maneira mais simples e racional. Para isso, incluíam apenas fragmentos dos objetos, lugares, pessoas e tudo mais que estavam observando. Veja as ideias cubistas nos autorretratos de Juan Gris e Albert Gleizes.

- Você pode imaginar essas duas pinturas feitas em outras linguagens visuais? Quais? Por quê?

Como vimos, o Cubismo influenciou muitos artistas que desejavam encontrar novas formas de representar o mundo, buscando fazer o universo da arte ser diferente do mundo real, ou seja, capaz de retratar objetos, pessoas ou paisagens de um jeito próprio. O Cubismo surgiu como um dos movimentos que queria romper com uma lógica em que uma pintura costumava retratar a realidade de maneira realista.

A invenção da fotografia, que teve o reconhecimento da primeira foto atribuída ao francês Joseph Nicéphore Niépce, em 1826, e do cinema, atribuído ao irmãos Auguste e Louis Lumière em 1895, impactaram profundamente a arte, a qual não precisava mais ser apenas uma forma de registrar a realidade.

Como acontece na maioria das vezes em que a arte apresenta uma proposta nova e inesperada, o Cubismo também foi criticado, incompreendido e depois exaltado e multiplicado. Com o tempo, suas formas acabaram se misturando a outras tendências da arte, diluindo-se em variados estilos de artistas e ideias. A influência do Cubismo (e sua nova proposta de representação visual) chegou até o Brasil em artistas como Candido Portinari (1903-1962), Di Cavalcanti (1897-1976) e muitos outros.

É importante entender que Ismael Nery, Lasar Segall, Niki de Saint Phalle e José Luis Cuevas são artistas de épocas e lugares diferentes. Os dois últimos são mais recentes e não podem ser classificados como cubistas, mas, em suas obras, podemos observar a liberdade na forma de representar figuras e o uso da geometria. Cada um tem sua singularidade, com intenções diferentes, ampliando nossa percepção sobre o mundo, criando imagens que revelam mais do que é possível perceber apenas pela visão.

Albert Gleizes. *Cabeça em uma paisagem*, 1912-1913. Óleo sobre tela, 37,6 cm × 50,4 cm.

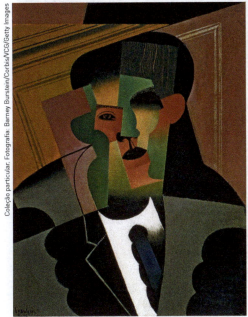

Juan Gris. *Cabeça de homem (Autorretrato)*, 1916. Óleo sobre tela, 63 cm × 48,5 cm.

TRILHA
Cores e olhares

Observamos a presença da "forma" para entender algumas questões sobre as artes visuais.

- E as cores, como se manifestam nesse campo?

Vamos pensar mais sobre as cores!
Observe as imagens a seguir.

- Como as cores estão distribuídas nesses trabalhos?

- Os dois artistas trabalharam com as cores de maneiras bem diferentes. Como essas diferenças interferem no modo como percebemos suas figuras?

José Pancetti. *Autorretrato*, 1952-1954. Óleo sobre tela, 55,4 cm × 46,5 cm.

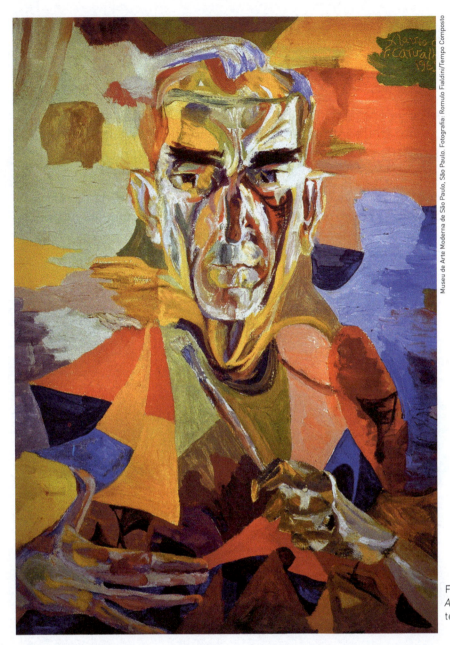

Flávio de Carvalho, 1963. *Autorretrato*. Óleo sobre tela, 90 cm × 67 cm.

As duas imagens apresentam contrapontos interessantes. Flávio de Carvalho (1899-1973), artista carioca, produz uma figura fragmentada e multicolorida, deixando expostas as pinceladas que realçam a textura da tinta, integrando **fundo e figura**.

José Pancetti (1902-1958), artista paulista, apresenta uma composição diferente, com duas grandes áreas de cor que delimitam seu chapéu e sua blusa, sendo essas duas cores complementares entre si – vermelho e verde (explicaremos adiante o que significam "cores complementares") –, gerando o grande contraste que acaba por destacar seu rosto. Os traços faciais são formados por áreas de cor e forma bem definidas. Alguns contornos são marcados com linhas finas brancas, azuladas e, às vezes, pretas, separando bem sua figura do fundo em cores claras. Pancetti, por sua história pessoal e profissional de relação com o mar, tornou-se conhecido como um pintor de "marinas".

> **Glossário**
>
> **Fundo e figura:** Numa composição visual, denominamos como "figura" o elemento principal que ocupa o campo visual, e "fundo" tudo aquilo que se localiza aparentemente atrás da figura.

Coordenadas

O elemento cor

Há três cores que chamamos de primárias, porque dão origem às demais. Amarelo, magenta (um tipo de vermelho) e ciano (azul) são as cores primárias dos pigmentos, ou seja, cores usadas para colorir diferentes materiais. Com base nelas, produzimos praticamente todas as outras cores.

Mas, para o que chamamos cor-luz, que é a cor presente na luz do sol, nas lâmpadas e na telas da TV e dos computadores, as cores primárias são outras: verde, vermelho e azul. É a partir da sua mistura que são produzidas todas as cores que vemos nas telas, inclusive nas telas de cinema, quando a projeção é digital.

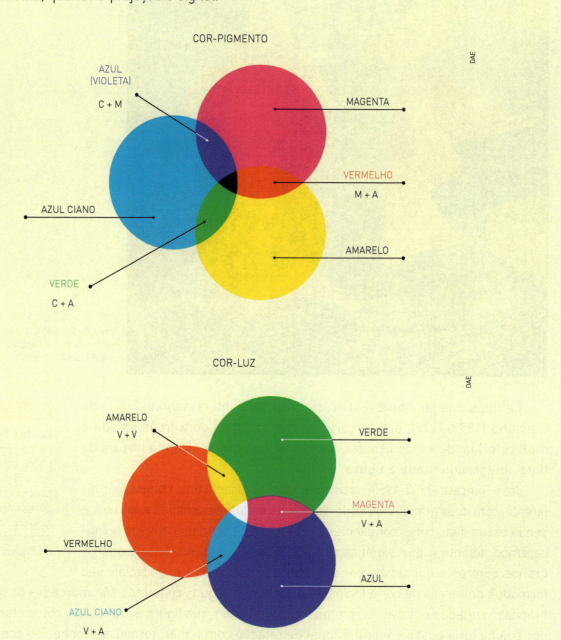

As ilustrações representam círculos cromáticos para cor-pigmento e cor-luz.
A soma das cores-luz resulta no branco.
A soma das cores-pigmento resulta no preto.
Cada combinação de duas cores primárias forma uma cor secundária. Para as cores-pigmento, as secundárias resultantes são: laranja, roxo e verde.

COR-PIGMENTO
ciano + magenta = roxo
magenta + amarelo = laranja
amarelo + ciano = verde

COR-LUZ
vermelho + verde = amarelo
verde + azul = magenta
azul + vermelho = ciano

Chamamos de cores complementares aquelas que estão em oposição dentro desse sistema. Uma cor primária será sempre complementar à combinação das outras duas. Ou seja: o amarelo é complementar ao roxo, o azul é complementar ao laranja, o vermelho é complementar ao verde. Quando colocamos as complementares lado a lado, a vibração que o nosso olho percebe no encontro das duas é intensa, dando origem a um grande contraste.

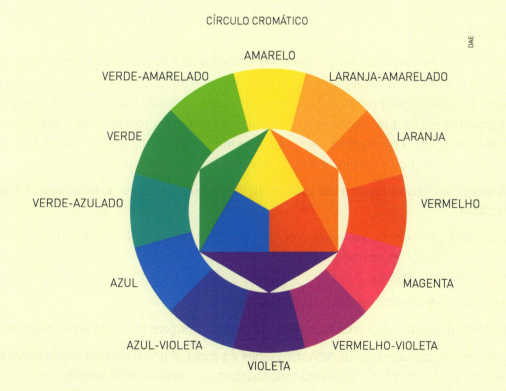

CÍRCULO CROMÁTICO

- De acordo com as obras analisadas e o estudo do elemento cor, podemos afirmar que as cores compõem a representação nas artes visuais e no cotidiano? Por quê?

CONEXÕES
A Lagoa do Abaeté

Na obra *Lavadeiras do Abaeté* (1957), de Pancetti, fica claro o interesse do artista pelas cores, não apenas nos tons de azul e verde ligados ao mar e ao céu, mas no contraste, na vibração e na combinação.

A Lagoa do Abaeté é uma localidade citada em diversas composições de músicos brasileiros como Dorival Caymmi (1914-2008), que fala do lugar onde nasceu e viveu como um modo de falar de sua própria identidade. Quando pinta suas inúmeras marinas, Pancetti também está falando sobre si mesmo, pois, ao escolher esse tema, optou por representar cenários que admirava e onde passou grande parte de sua vida. Por essa perspectiva, podemos dizer que suas paisagens têm um aspecto autobiográfico.

José Pancetti. *Lavadeiras do Abaeté*, 1957. Óleo sobre tela, 57,7 cm × 71 cm.

Ver e perceber

As cores compõem a representação nas artes visuais e no cotidiano, seja porque elas estão presentes em tudo o que vemos, seja porque a nossa cultura atribui significados a elas. Por exemplo, estamos acostumados a interpretar que o sinal vermelho no trânsito significa PARE, ou que o cartão vermelho no futebol indica que um jogador foi expulso do jogo. Quando as cores aparecem em forma de códigos definidos, seu significado é sempre o mesmo. Isso quer dizer que, em qualquer lugar do mundo onde se joga futebol, o cartão vermelho tem o mesmo significado.

- **E nas artes? Os artistas usam a cor com intenção simbólica ou a cor é usada sempre com o mesmo sentido?**

Muitos artistas utilizam-se das cores interessados nas sensações que elas transmitem. As cores podem transmitir muitas sensações, que nem sempre podem ser expressas em palavras, assim como sentimentos, impressões...

- **E você? Como lida com as cores em seus desenhos?**
- **Será que em dias diferentes você teria vontade de criar imagens totalmente distintas de si mesmo?**
- **Podemos fazer um exercício: ao fechar os olhos e pensar sobre si mesmo, quais cores vêm à sua cabeça? Se você tentar fazer o mesmo todos os dias, ao longo de uma semana, será que elas mudarão? Segunda-feira sou de uma cor, na próxima segunda serei de outra?**

O importante é perceber que há muitas formas diferentes de representar algo, alguém ou uma ideia e que, para isso, podemos inventar nosso próprio modo expressivo ou transformar outros que já existem.

ANDANÇA
Estudo sobre mim!

Com o professor, que tal escolher um material para desenhar e tentar criar um autorretrato diferente? Você pode usar lápis preto, lápis de cor, caneta hidrocor, giz de cera, nanquim ou outro material.

Preparação: Coleta de observações

Tente se lembrar de quais são seus principais traços físicos e tente representá-los em desenho, parte por parte, separadamente. Se tiver um espelho por perto, observe-se nele. Espalhe esses detalhes pelo papel, sem se preocupar com o tamanho de cada parte ou se ela realmente está semelhante ao que seus olhos podem ver no espelho. Você pode desenhar cada parte vista por um ângulo diferente, como faziam os cubistas.

- Pense: como você desenharia sua orelha? Seus olhos? O formato do seu rosto? A linha do seu pescoço?

Avalie os resultados obtidos, escolha três características principais para integrar seu autorretrato.

Primeira etapa: Observação + Imaginação + Criação!

- Observe: Como você se vê? Quais características você considera mais marcantes para falar de si mesmo?

Vale pensar se todas elas são físicas, ou seja, são visíveis no seu corpo, ou se tem mais a ver com o seu humor, seu modo de agir, seu jeito de pensar.

Este é o momento de unir sua memória e suas observações sobre si mesmo à sua capacidade de criar! Utilize as três características escolhidas na primeira etapa e acrescente outras formas e cores à sua escolha, que poderiam "espelhar" aspectos da sua personalidade. Por exemplo: se sou uma pessoa agitada, posso me representar com uma cor quente, se sou calmo, com uma cor clara. Mas e se eu ajo de modos diferentes (às vezes com calma, às vezes com agitação) a cada situação? Talvez eu tenha várias cores, como uma imagem expressionista?

Você também pode se inspirar pelas imagens presentes neste capítulo. Observe com qual dos artistas apresentados você mais se identifica. Tente incorporar uma de suas características visuais ao seu desenho, mas lembre-se de que o seu desenho não é uma cópia de outro, ele é original, com qualidades que só você tem!

Conclusão: Sou muitos!

Veja a criação dos colegas e mostre seu trabalho a todos. Perceba os detalhes. Será que conseguimos criar uma imagem de nós mesmos representando qualidades que não aparecem no espelho? Troquem informações de como foi a experiência. Escute as colocações dos colegas e apresente as suas. Esse diálogo vai ampliar sua percepção do seu processo e dos colegas.

Observando todos os autorretratos apresentados até aqui, podemos chegar a algumas conclusões. É como se os artistas tivessem definido que o que está dentro deles é mais importante do que aquilo que conseguimos ver em sua aparência. Também é possível perceber que alguns artistas usaram o autorretrato para investigar e até inventar novas formas de representação visual. Isso ocorre porque a arte é uma linguagem com múltiplas manifestações e que nos conecta com a capacidade de representar e recriar o mundo e seus significados.

CAPÍTULO 2
Mundos interiores

Maria Auxiliadora, c. 1964. A fotografia fez parte da exposição *Maria Auxiliadora: vida cotidiana, pintura e resistência*, no Museu de Arte de São Paulo (Masp), realizada em 2018.

Vimos, no capítulo anterior, vários autorretratos e refletimos sobre escolhas visuais que vão além da representação da aparência física. Observe atentamente a obra *Autorretrato com os anjos*, de Maria Auxiliadora da Silva (1935-1974).

Maria Auxiliadora em uma exposição de suas obras. São Paulo (SP), 1964.

Maria Auxiliadora da Silva. *Autorretrato com os anjos*, 1972. Tinta acrílica à base de água. 70 cm × 50 cm.

- O que esse autorretrato pode nos contar sobre ela?
- Vamos olhar para as roupas: o que ela está vestindo? Você reparou que sua roupa é branca e toda rendada?
- Além disso, ela está rodeada por anjos. O que será que a presença deles nos sugere? O que eles trazem nas mãos?

CAMINHOS
Um retrato de quem somos

Vamos pensar um pouco mais sobre o que vimos na página anterior. Maria Auxiliadora representa a si mesma em uma ação importante: está pintando uma tela na qual aparecem anjos que a rodeiam com uma grinalda de flores brancas e vermelhas que nos fazem lembrar uma cena rural.

- Será que, com base apenas nessa observação, conseguimos dizer algumas coisas sobre ela? Onde mora? De onde vem? Com quem convive?

Somos nossas individualidades, mas trazemos aprendizados e hábitos que vêm de nossas tradições, das muitas culturas que nos formam. A origem de nossa família pode ser a primeira delas, mas estamos inseridos em uma série de comunidades para além da casa onde vivemos.

- Com quais grupos você se identifica?
- Quais são os elementos que ajudam a formar nosso jeito de ser, de pensar, de agir?

Quando fazemos um autorretrato, isto é, quando representamos a nós mesmos, também estamos representando de algum modo o que nos faz ser o que somos.

- O que nos faz ser assim?
- O que seria diferente na sua vida se você tivesse nascido em outra cidade?
- O que nos faz seres únicos?
- O que nos conecta com as pessoas que estão próximas?

ANDANÇA
O corpo em comum

Vamos fazer uma atividade que nos ajude a pensar os caminhos e as paisagens que nos formam? Para começar, vale usar uma foto ou um desenho feito por você ou por outra pessoa em que a sua imagem apareça. Em seguida, pense em um objeto que simbolize sua família, algo que você sente que tem em comum com as pessoas da sua casa.

Se todos gostam de futebol, por exemplo, você pode acrescentar uma bola à imagem. Depois, pense na cidade onde nasceu ou vive. Há algo que é bem típico de lá? Pense em outro objeto que você reconhece como característico do lugar de onde veio e que pode ajudar a compor uma imagem sobre você.

Antony Gormley. *Another place*, 1997. Ferro fundido, 100 elementos. 189 cm × 53 cm × 29 cm. Vista da instalação, Stavanger, Noruega, 1998 (recorte).

Em *Another place*, o artista britânico Antony Gormley apresenta um conjunto de cem esculturas instaladas em uma praia da Alemanha, ocupando mais de dois quilômetros na areia e um quilômetro na direção do mar. Na fotografia, você observa um recorte desse trabalho. Quando a maré sobe, algumas delas deixam de ficar visíveis, porque o mar as cobre por completo. É muito comum que os frequentadores da praia tirem fotos ao lado das esculturas, ou mesmo as decorem com elementos como chapéus e cachecóis.

Gormley trabalha com esculturas e investiga as relações do corpo com o mundo. Em muitos de seus trabalhos, realiza um processo interessante: escolhe uma pose, fica parado nela e, com ajuda de assistentes, modela o próprio corpo com gesso, criando um molde que depois será preenchido com cobre ou outro tipo de metal. Desse modo, cria uma matriz que pode reproduzir a forma de seu corpo muitas e muitas vezes.

Nessa série, chamada *Another place* (*Outro lugar*), o artista espalha várias esculturas moldadas deste modo em lugares bem diferentes, de maneira a criar um impacto na paisagem, que passa a ser ocupada por esculturas que remetem ao seu corpo. Ele já as colocou em montanhas e em regiões desérticas. O outro trabalho que vemos aqui, *Event horizon (Horizonte de acontecimentos)*, insere esculturas parecidas em espaços de várias cidades pelo mundo, temporariamente, em lugares surpreendentes. As imagens, multiplicadas e espalhadas em diferentes ambientes, perdem a identidade. Ao mesmo tempo que são autorretratos do artista, são figuras anônimas.

Antony Gormley. *Event Horizon*, 2007. Vinte e sete fibras de vidro e quatro figuras de ferro fundido, 189 cm × 53 cm × 29 cm (cada elemento). Vista da instalação, São Paulo (SP), 2012.

- O que será que faz dessas esculturas peças tão familiares a todas as pessoas?

Chegamos a um ponto importante em que todos os seres humanos podem se identificar com aquilo que têm em comum: a estrutura do corpo. Mas, diferente das esculturas feitas por Gormley, cada corpo tem um formato diferente e sua própria história. Este é outro modo de nos identificarmos: não apenas pelo que temos em comum com toda a humanidade, mas com o que temos de específico em relação às nossas origens e história.

TRILHA
Arte e identidade étnica

Os artistas que vimos anteriormente nos fizeram pensar sobre formas de expressão bastante autênticas. Maria Auxiliadora e Gormley apresentam trabalhos singulares, mas, mesmo assim, continuam parecendo familiares na percepção de quem observa suas obras. Seus trabalhos nos falam sobre identidade pessoal e identidade coletiva.

A arte trata de muitas coisas e pode nos fazer pensar sobre assuntos diversos, até mesmo novos para nós. Para continuar pensando sobre as questões que abriram este capítulo, vamos falar sobre outra produção artística singular e familiar ao mesmo tempo.

- Você já viu ou conhece a arte indígena?

As culturas indígenas brasileiras são muito diversas e, mesmo nas representações tradicionais, apresentam particularidades de acordo com as comunidades de origem. Vamos conhecer dois artistas indígenas contemporâneos. Eles apresentam trabalhos que dialogam com questões do seu cotidiano e sua visão de mundo. Falam sobre si mesmos, quando escolhem temas que envolvem a comunidade onde nasceram. Primeiramente, observe a pintura do artista roraimense Jaider Esbell.

Jaider Esbell. *Atropelamento*, 2016. Tinta acrílica sobre papel para desenho A3, 29,7 cm × 42 cm.

- O que essa imagem pode nos dizer?
- Por que a imagem está dividida em áreas, cortadas pela representação de várias estradas?
- O que representa os animais presentes na imagem? E os grafismos no fundo?
- Qual é o sentido da palavra em destaque: atropelamento?

Jaider é da etnia indígena makuxi, de Roraima. Sua composição em preto e branco tem alguns elementos em destaque. A imagem está dividida em áreas, cortadas pela representação de várias estradas. Em todas elas, vemos um animal, contido em uma paisagem pelos limites da estrada, aparentemente caído ao chão. Em cada uma das áreas, há um fundo como uma estampa, nos quais podemos notar um preenchimento geométrico: linhas paralelas ou grafismos representando diferentes ambientes dentro da pintura. Bem no meio da tela, uma palavra em destaque: ATROPELAMENTO, anunciando os perigos da área, que na obra é mostrada pela sobreposição dos ambientes urbano e rural.

De modo geral, essa é uma questão importante para a comunidade amazônica, e traz consigo outros temas sobre o cotidiano dessas comunidades e seus problemas, como a questão da demarcação de terras indígenas e os conflitos com a passagem de rodovias por seus territórios, por exemplo. A arte pode ser expressão de um indivíduo, mas também de uma coletividade. Por isso, podemos dizer que a arte tem também uma função política, de denúncia e de protesto.

Luciana Magno. *Trans Amazônica*, 2013. Vídeo.

Outra artista que aborda aspectos semelhantes é a paraense Luciana Magno. Luciana divide seu tempo entre as cidades de Belém (PA) e São Paulo (SP) e apresenta em sua obra questões ligadas à cultura indígena e aos conflitos sociais na região Norte. Trabalha com **performance**, geralmente direcionada para fotografia e vídeo, como a imagem acima, do seu vídeo *Trans Amazônica*.

No vídeo, como o próprio nome da obra revela, Luciana fica por um longo tempo à beira de um trecho inacabado da Rodovia Transamazônica que cruza a região amazônica, em uma posição em que algumas etnias indígenas costumam enterrar seus mortos, coberta apenas por seus cabelos muito longos.

- Que sensações essa imagem nos traz?
- Este também é um autorretrato?

Embora não seja possível ver seu rosto, a imagem nos diz muito sobre quem é a artista, seu lugar de origem, suas preocupações sociais e o impacto que sua comunidade de origem tem no seu modo de olhar o mundo.

Glossário

Performance: nas artes visuais, indica uma linguagem que mistura elementos das artes visuais, do teatro e da dança e que se caracteriza pelo uso do corpo do artista como principal elemento constitutivo. Geralmente acontece em espaços do cotidiano e por um tempo limitado.

Arthur Timótheo da Costa – Trajetória notável

- Agora observe o autorretrato a seguir. Sabendo que ele foi realizado em 1908, você reconhece alguma questão social presente nesta obra? Comente.

Olhando com mais cuidado, repare que existem algumas regiões da pintura onde são perceptíveis pinceladas do artista, e outras regiões em que não as percebem, aproximando o quadro de uma foto.

- Você consegue distinguir esses dois modos de pintar?

Arthur Timótheo da Costa (1882–1923) nasceu no Rio de Janeiro e teve uma história singular. Em uma época em que a grande maioria da população negra não tinha acesso às escolas de Arte, ele frequentou, junto de seu irmão João Timótheo da Costa, a Escola Nacional de Belas Artes do Rio de Janeiro, instituição brasileira de ensino de Arte mais importante desse período. Teve como professores nomes importantes da arte brasileira e ganhou um prêmio dessa mesma escola que lhe permitiu estudar em Paris, na França, em 1907.

Arthur Timótheo da Costa. *Autorretrato*, 1908. Óleo sobre tela, 41 cm × 33 cm.

Arthur Timótheo trabalhou também como decorador e cenógrafo. Essa intensa atividade artística contrastava com as imensas desigualdades sociais da época, já que os descendentes de povos da África viviam sob o regime de escravidão, vigente no Brasil até 1888. A história de vida incomum de Arthur Timótheo e sua obra ainda não foram pesquisados com profundidade.

No autorretrato que se vê aqui, o rosto é, sem dúvida, o assunto principal, construído de modo a reproduzir com fidelidade traços do artista, ressaltando os jogos entre luz e sombra, com alterações suaves de cores. Já o lenço azul, usado no pescoço, os pincéis e a paleta de cores na mão esquerda foram construídos com pinceladas mais soltas, criando áreas de cores sem linhas que delimitam suas formas.

TRILHA
Bidimensionalidade e tridimensionalidade

Falamos sobre esculturas e pinturas, duas linguagens importantes para as artes visuais. Para entender um pouco mais sobre as diferentes produções, podemos falar em trabalhos bidimensionais e tridimensionais.

- Você lembra o que essas palavras significam?

Vale pensar que vivemos num mundo tridimensional, isto é, que possui três dimensões que podemos observar: altura, largura e comprimento. Para facilitar, podemos dizer que qualquer objeto que pode ser observado ou sentido ao girarmos à sua volta é um objeto tridimensional. Nas artes, a escultura é a linguagem que lida diretamente com isso.

Quando falamos em bidimensional, no entanto, estamos falando de outro desafio.

- Como você representaria um mundo tridimensional em uma superfície bidimensional, como o papel ou a tela, por exemplo?

Damos este nome porque uma superfície plana apresenta apenas duas dimensões: altura e comprimento, não tem profundidade. Cabe aos artistas (e a nós!) "traduzir" o mundo para uma superfície plana.

Em muitas tradições artísticas, várias estratégias foram desenvolvidas ao longo do tempo para resolver essa questão: uma delas foi o desenvolvimento da perspectiva, um modo de organizar a representação dos elementos para criar a ilusão de profundidade e de volume por meio de linhas e do contraste entre luz e sombra.

Abaixo, um exemplo com simulação de linhas de perspectiva a partir dos estudos de Filippo Brunelleschi (1377-1446), o qual mostra a tentativa de criar uma ilusão de profundidade em um desenho.

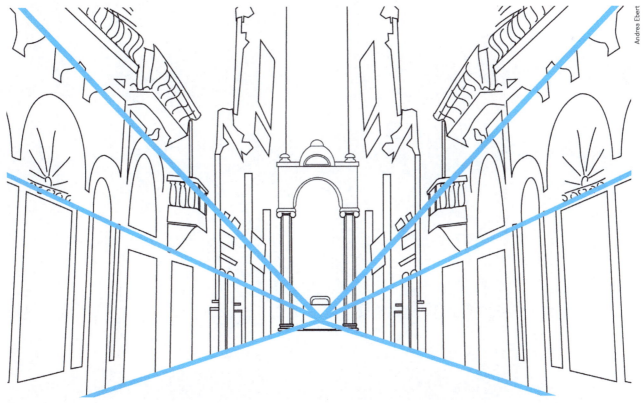

Estudo de perspectiva.

Marcello Nitsche. *Pincelada tridimensional amarela*, 2005. Ferro e poliuretano, 4 m x 3 m x 2 m.

Alguns artistas exploram o lugar entre o bi e o tridimensional. Como em um jogo, brincam com as possibilidades de levar o plano para o espaço, como a escultura *Pincelada tridimensional*, de Marcello Nietsche, por exemplo. Temos a sensação de que o artista retirou as pinceladas em amarelo de uma pintura plana para torná-las tridimensionais, palpáveis, como se pudéssemos tocá-la, andar à sua volta e vê-las sob ângulos diferentes.

No trabalho do artista paranaense Daniel Duda, a representação dos planos não é uma sugestão para o olho, usando claro e escuro, mas são camadas diferentes de papel, com profundidade real, que jogam com a sensação de figura e fundo. Aqui, podemos dizer que é um trabalho tridimensional, porque ele tem volume, mas nos faz lembrar diretamente uma representação bidimensional, dentro de uma moldura.

Daniel Duda. *Sem título* (díptico), 2015. Papel *canson*, acrílico gravado a *laser*, LED, 34 cm × 26 cm.

Waldemar Cordeiro. *Autorretrato probabilístico*, 1965. Acrílico, madeira e fotografia, 30 cm × 30 cm × 30 cm.

Observe o autorretrato feito pelo artista brasileiro de origem italiana Waldemar Cordeiro (1925-1973). Se olharmos de frente, ele se parece com uma fotografia, com cubos de acrílico na frente de seu rosto. Em cada um deles aparecem, alternadamente, as palavras sim e não. Se a olharmos de lado, entretanto, poderemos perceber que nosso olho foi enganado! Vamos observar que a obra foi realizada tridimensionalmente, com vários planos que contêm uma parte de seu rosto, como em um quebra-cabeças. Também perceberemos que ele trabalha com a fotografia em um formato diferente do que estamos acostumados: é uma impressão da fotografia sobre tecido.

- O que você lembra sobre o Cubismo, que estudamos no capítulo anterior?

Este é também um bom exemplo do diálogo entre o tridimensional e o bidimensional. Os cubistas estavam atentos a esses modos de adaptação de um mundo com volume para um mundo plano. Quando criavam uma representação de muitos planos um ao lado do outro, estavam manipulando as diferentes visões que temos de um mesmo objeto, dependendo de onde o olhamos. Em vez de representar o volume com luz e sombra, como a pintura tradicionalmente fazia até então, colocavam essas "vistas" lado a lado, de modo a provocar em nossos olhos e no pensamento uma sensação de tridimensionalidade e movimento.

As artes visuais nos apresentam um universo de muitas possibilidades, seja no momento de criar, seja no momento de conhecer e apreciar trabalhos já realizados. Há ainda trabalhos nos quais o mais importante é uma ideia, outros que usam tecnologia digital, ou ainda aqueles que contam com a participação do público para acontecerem. Com tantas possibilidades, é importante que o artista – ou mesmo nós – saiba escolher qual visualidade é a mais adequada para o que quer fazer.

CONEXÕES
Cores e sons de Caymmi

Vamos observar mais um autorretrato. Porém, há uma curiosidade interessante nesse trabalho: foi pintado por um artista que é muito conhecido por sua obra musical. O músico de que estamos falando é o baiano Dorival Caymmi. Sabe o que é curioso?

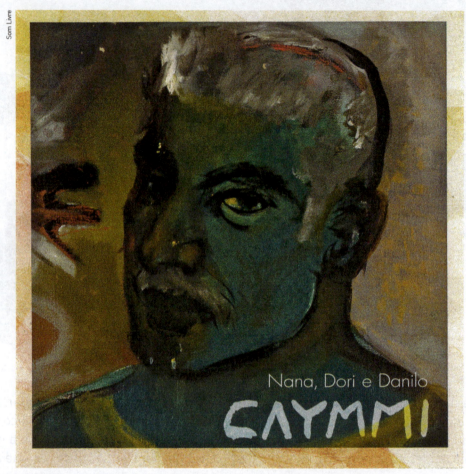

Capa do CD *Caymmi* – Nana, Dori e Danilo, 2013. Este álbum comemorou o centenário de Dorival Caymmi. A capa e a sobrecapa do álbum foram ilustradas com a pintura *Autorretrato*, de Dorival Caymmi, 1974.

A pintura não foi o único modo pelo qual ele retratou a si mesmo e ao lugar de onde veio. Como já dissemos, o ambiente que nos cerca, nossa criação e o ambiente cultural que nos envolve diz muito sobre nós. Caymmi foi um compositor que retratou, ao longo de sua vida e de seu trabalho, o seu lugar de origem, a Bahia. Suas canções falam de um lugar, mas também de um modo de viver, de olhar para o mundo. Você já tinha pensado que uma canção pode também ser o retrato de uma paisagem? Não? Observe a letra da canção e veja o modo com que o músico "pinta" a Bahia. Ele fala sobre elementos que representam aquela comunidade. Se puder ouvir a canção, ainda melhor, pois você poderá identificar outras "cores" sugeridas pela sonoridade da composição.

Saudade de Itapoã
Coqueiro de Itapoã, coqueiro
[...]
Saudade de Itapoã me deixa

Saudade de Itapoã, de Dorival Caymmi.
Canções praieiras. Gravadora: Odeon, 1954.

Coordenadas

Escultura

Moldes de escultura de Rodin, ilustrando o processo de fundição em bronze. Pinacoteca do Estado de São Paulo (SP), 2011.

A escultura é uma linguagem muito presente nas artes de todo o mundo. Por ser uma forma de expressão tridimensional, sua presença física no espaço é marcante. Diferentemente das linguagens bidimensionais, como o desenho, a gravura e a pintura – que trabalham principalmente com linhas, formas, cores, áreas mais claras ou escuras –, a principal característica de uma escultura é ter volume, altura e largura, ou seja: é um objeto que pode ser visto por vários ângulos diferentes, basta que o observador se movimente em torno dela.

Muitas vezes, quando expostas em lugares públicos, as esculturas podem ser tocadas, permitindo que suas formas sejam percebidas pelo sentido do tato, além da visão. Na história da arte europeia dos séculos XIX e XX, surgiram muitas escolas de arte, chamadas Academias de Belas Artes, que tinham regras bastante rígidas sobre como um artista deveria criar uma pintura ou uma escultura.

Essas escolas influenciaram artistas do mundo todo, em uma época em que a Europa era considerada um dos locais mais relevantes para as artes. Pintura e escultura eram as linguagens mais importantes para as Academias de Arte. Portanto, para entender a grande diversidade do que consideramos arte hoje, é muito importante entender essa diferença entre as obras bidimensionais e tridimensionais.

- Você conhece alguma escultura? Onde você a viu? Como ela era?

ANDANÇA

Um retrato em duas dimensões

Vamos experimentar trabalhar com um retrato usando linguagens visuais e materiais diferentes? Pode ser divertido experimentar trabalhar em duas e em três dimensões usando o mesmo tema.

1. Escolha alguém para retratar (pode ser você mesmo, se quiser). A partir do que já conversamos, escolha o que você vai querer usar para representar esta pessoa.
2. Podemos começar pelo bidimensional. Pense na pessoa que vai representar. Que escolhas você fará que funcionarão melhor para representá-la? Pense nos materiais que tem disponível e no que combina melhor com ela.
3. Você quer muitas cores? Pode usar lápis de cor, giz pastel, giz de cera...
4. Talvez você tenha vontade de trabalhar com áreas de massa de cor. Nesse caso, pode usar tintas como o guache, a acrílica ou mesmo colagem com papéis coloridos, que podem ser cortados com uma tesoura ou rasgados com as mãos... talvez funcione melhor pensar apenas em preto e branco. Nesse caso, as alternativas anteriores funcionam, mas de acordo com o que você escolher, o resultado será bem diferente. Já se decidiu?
5. Então mãos à obra, vamos pensar em como colocar a essência da pessoa escolhida em um plano. Não precisa se preocupar em criar uma cópia fiel, será o seu olhar para ela.

- **E em um retrato tridimensional? Será que as escolhas e perguntas serão as mesmas?**

Aqui você vai pensar de outro modo, porque os processos são bem diferentes.

1. Escolha os materiais a partir do que tiver disponível. E o tamanho? Pensou em realizar o corpo inteiro ou apenas o rosto? Você vai trabalhar modelando barro ou argila, ou algum outro tipo de massa?
2. Se preferir, pode pegar materiais que seriam descartados, como sobras de madeira, pedras, objetos para descarte e agrupá-los para construir este retrato.
3. Depois de passar pelos dois processos, observe junto com seu professor e seus colegas:

- **Quais foram as maiores dificuldades em cada uma das produções?**

- **Com qual dos processos você se identificou mais?**

ANDANÇA

Criando uma animação

Você sabia que é possível criar uma animação usando apenas um caderno? Que tal experimentar uma a partir do seu olhar para a sua cidade? Funciona assim: escolha um caderno ou bloco de folhas. Pode ser um usado, desde que tenha espaço para desenhar no canto. Faça da seguinte maneira:

1. Escolha um personagem ou paisagem que vai se movimentar. Você pode escolher uma figura humana, como um boneco, um animal, ou registrar movimentos que acontecem dentro de uma mesma paisagem. É importante que seja bem curto, com poucos movimentos.
2. Pense em um pequeno roteiro do que quer fazer. Para isso, o importante é saber a sequência de acontecimentos ou movimentos do personagem ou da paisagem. (Por exemplo, imagine que seu personagem é um menino que vai descer uma montanha).
3. Escolha quais materiais usará, como lápis, caneta esferográfica, lápis de cor, tinta, colagem, fotografia etc.

4. Importante: a primeira imagem fica na última página e a última imagem, na primeira página. Isso vai facilitar as coisas no final, quando você for "animar" sua história.
5. Você pode começar desenhando a primeira cena. Depois faça a última e, em seguida, uma que esteja no meio das duas. Depois da primeira, vá fazendo desenhos em sequência, mas atenção: a mudança entre um desenho e o seguinte deve ser mínima.
6. Para facilitar um encontro suave entre a primeira e a do meio, você pode fazer assim: duas na sequência depois da primeira, duas na sequência da imagem do meio, voltando para trás. Desse modo, você vai conseguir uma transição mais suave entre elas. Faça a mesma coisa entre a imagem do meio e a última.
7. Agora é só segurar o bloco com os dedos e ir passando as imagens bem rapidamente. Parabéns, você acaba de produzir uma história curta de animação!

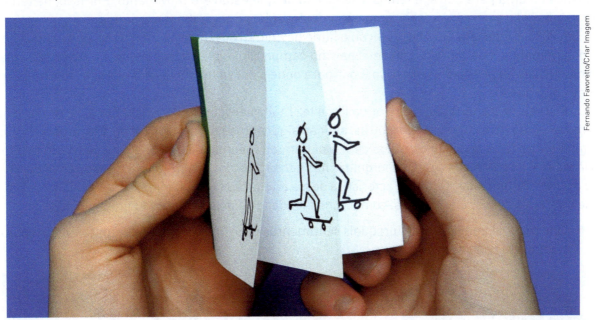

Exemplo de *flip book*.

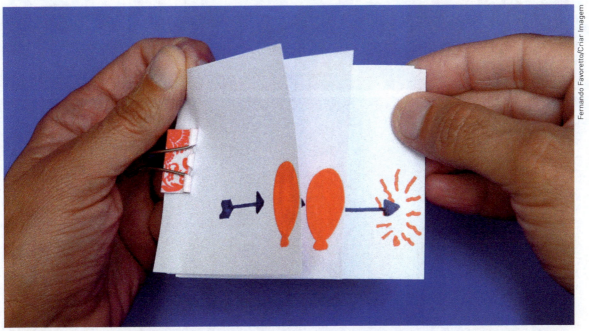

Como folhear o *flip book*.

AMPLIAR

A animação *O menino e o mundo*

Nesta unidade, vimos, entre outros assuntos, que em seu processo de criação o artista precisa fazer uma série de escolhas ligadas à materialidade, à técnica ou ao modo de representar o que sente... Isso também pode acontecer em processos de criação audiovisuais, como as animações. Os métodos de animação podem variar, mas, no geral, são desenvolvidos a partir da criação de imagens contínuas, ou seja, em sequência.

Nosso olho consegue ver apenas uma quantidade limitada de imagens por segundo. Por causa disso, se as imagens se sucedem em um intervalo de tempo bem curto, nosso olho não percebe a mudança de uma para outra, e temos a sensação de que estão em movimento. Por isso, há também o nome *desenho animado*, ou seja, uma série de desenhos que ganham movimento.

Em 2013, o cineasta Alê Abreu lançou o filme de animação *O menino e o mundo*, que conta a história de um menino que morava com seus pais no campo. Um dia, o pai sai de casa e vai para a cidade, e o menino acaba por conhecer o novo lugar para onde o pai se mudou e as diferenças enormes entre esses dois mundos.

Para realizar a animação, o diretor do filme fez muitas escolhas diferentes. Em alguns momentos, as imagens são bem coloridas; em outras, apenas alguns traços no fundo branco. Ele também varia os materiais e as técnicas, indo do giz de cera à pintura ou mesmo criando imagens pelo computador. A variedade de imagens nos ajuda a mergulhar nas sensações do menino, ainda mais se considerarmos que o filme não tem falas. Outra característica dessa animação são as figuras humanas. O menino é um desenho com traços muito simples, com a cabeça redonda e dois riscos no lugar dos olhos.

- Olhe para as imagens a seguir: quais sentimentos você imagina que estejam tomando conta do menino em cada cena?

Cenas do filme de animação *O menino e o mundo*, direção de Alê Abreu. Brasil, 2013.

Chegada

Para eu me compor em imagem

Chegamos ao final desta unidade. Quanta coisa vimos juntos neste caminho, não é mesmo? Que tal um jogo que nos ajude a lembrar das coisas pelas quais passamos? Funciona assim: o professor vai elaborar cartelas especialmente pensadas para a turma, de acordo com a experiência que vocês tiveram com esta unidade. Ele também vai reunir a maior variedade de materiais que puder. Com tudo isso pronto, podemos começar?

Cada pessoa (ou dupla, se preferirem) vai tirar uma sequência de cartelas. Elas vão determinar o tipo de produção que você fará. Por exemplo, imagine que você tirou a seguinte sequência:

autorretrato | bidimensional | personalidade | muitas cores | tinta guache | madeira

Nesse caso, o desafio é produzir um autorretrato em uma superfície de madeira, plana (bidimensional), usando tinta guache, com muitas cores e com foco na personalidade de quem for retratado, em vez de ser na aparência física. Outro exemplo que pode acontecer:

retrato | bidimensional | tridimensional | aparência | papel colorido | cartolina

Se essa for a sequência sorteada, você criará um retrato que tenha elementos bidimensionais e tridimensionais, com foco na aparência do retratado, usando papel colorido e cartolina. Um grande desafio, não? Você pode experimentar criar um retrato cortando os papéis, em uma colagem que apresente a pessoa retratada a partir de sua aparência física. Pode escolher o que achar que mais se sobressai naquela pessoa e dar destaque a isso, criando uma camada tridimensional, ou seja, que vai além dos limites planos do papel, com volume. Vamos ao desafio?

A sorte está lançada!

Autoavaliação

Percorremos a primeira unidade. Vamos ver os significados que ela teve para você.

- Como foi a experiência de experimentar diferentes modos de fazer um retrato, seja de você mesmo, seja de outra pessoa?
- Você já tinha olhado para dentro de você e pensado sobre as cores e formas que melhor o representam?
- E sobre os grupos com os quais se identifica? Pense em palavras que traduzam o seu sentimento de pertencimento.
- Qual das imagens trabalhadas nesta unidade você gostaria de ter em casa?
- Quais foram suas dificuldades nas aulas e como você conseguiu superá-las?

UNIDADE 2
TEATRO

Fernando Favoretto/Criar Imagem

Mulher contando história.

Nas imagens, vemos uma história sendo contada a um grupo de pessoas.

1 Quais diferenças você vê entre as duas formas de apresentar uma história?

Você já deve ter ouvido várias histórias desde que era uma criança pequena, seja em casa, na escola ou em outros espaços. Toda vez que uma pessoa faz a narração de uma história a alguém, ele ou ela está lidando com elementos da linguagem teatral.

2 Você já narrou uma história para alguém? Para narrá-la, precisou fazer algum gesto ou modificar a sua voz?

Eu e minhas histórias

Espetáculo *Amores aos montes* com a companhia Teatro por que não?, de Santa Maria (RS), 2016.

Nos dois capítulos desta unidade, vamos abordar formas de narração, o ator em cena, os espaços e outros elementos da linguagem teatral. Vamos perceber que temos contato com esses elementos todos os dias, mesmo sem nos darmos conta.

3 Você já participou de uma peça de teatro? Como foi?

4 Você estava em cena como ator ou atriz, ou desenvolvia outra função? O que você sentiu? Foi divertido?

Glossário

Narração: é o relato, feito por alguém, de algum acontecimento real ou inventado.

49

CAPÍTULO 1

Eu, corpo e voz

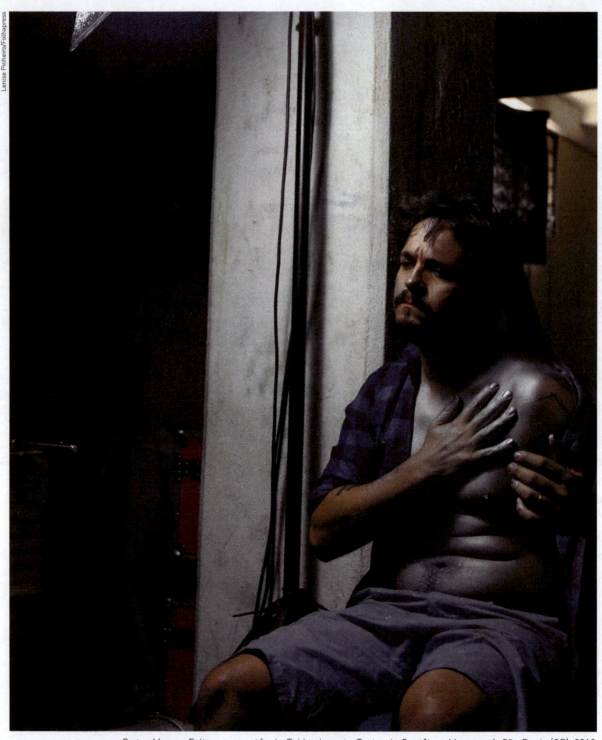

O ator Marcos Felipe, no espetáculo *Epidemia prata*. Teatro de Contêiner Mungunzá, São Paulo (SP), 2018.

Espetáculo *Alegria de náufragos* (ou *A capacidade de suportar*), com o Ser Tão Teatro, Paraíba (PB), 2016.

Uma ou várias pessoas desempenham uma ação. A plateia assiste. Aí está o teatro!

Seja perto de nós ou do outro lado do planeta, o teatro existe basicamente da mesma maneira, com os mesmos elementos. Isso não significa que ele seja exatamente igual em todos os lugares.

- Como é o teatro que você conhece ou imagina? Qual imagem se aproxima mais do que é teatro para você? Por quê?
- Existe algum elemento que ligue essas imagens? O que você considera mais importante para que o teatro aconteça?

O teatro, sendo um grande espaço de criação, oferece muitas oportunidades de descobertas de si mesmo e do outro. Os dois capítulos a seguir são um convite para entender melhor o que é o teatro e suas diferentes manifestações.

CAMINHOS
Um encontro de presenças

Quando uma pessoa vai a um teatro, ela sabe, imagina ou espera que alguma história seja contada pelos atores e atrizes. Algumas vezes, a história pode até nem existir!

Espetáculo *La alegría de los náufragos*, de La Foca Monje Teatro, Espanha, 2013.

- Então, o que é preciso para que o teatro aconteça?

Espetáculos de teatro podem ser muito diferentes entre si. Encontramos um **cenário** pensado para cada história, e atores e atrizes usam **figurinos** variados a cada peça. Às vezes, eles mudam sua própria voz de acordo com o personagem e com o que estão contando. Mas tem uma coisa que nunca muda quando vamos ver uma peça de teatro: há sempre alguém em cena realizando uma ação e há sempre alguém – nós – assistindo a essa pessoa realizando a ação.

Para existir teatro é preciso que essa relação seja real, ou seja, é preciso a presença física de alguém que vê e de alguém que faz. Essa é a maior dife-

Glossário

Cenário: elementos que representam o local onde a história da peça se passa.
Figurino: roupas e adereços que os atores e as atrizes usam quando estão em cena.

rença entre as artes cênicas e as outras artes: a presença! É claro que existem atores e atrizes no cinema e na televisão, mas só no teatro tudo acontece ali, com os atores e atrizes ao vivo, na nossa frente. Basta que exista um acordo: alguém conta uma história e alguém escuta, vê, imagina o que está sendo contado. O ator e a atriz são os artistas que transitam por esses e outros gêneros, usando basicamente seu corpo e sua voz para criar personagens e contar histórias.

Observando novamente as cinco imagens apresentadas até aqui, é possível perceber que cada uma delas destaca um aspecto diferente da linguagem teatral.

- **Vamos revê-las, com atenção aos detalhes?**

A primeira imagem da abertura da unidade mostra a ação mais elementar dessa linguagem: alguém que conta uma história a um grupo.

Em seguida, a imagem do espetáculo *Amores aos montes* com a companhia *Teatro por que não?* mostra uma peça com atores usando figurinos, alguns objetos e um pequeno cenário. A cena acontece diante do público, sentado no chão, em um espaço aberto.

Na sequência, vemos a imagem do espetáculo *Alegria de náufragos* (ou *A capacidade de suportar*), apresentado pelo grupo Ser Tão Teatro, da Paraíba. Ela mostra atores em interação com um tipo de móvel com várias gavetas e rodinhas. O público está bem perto da cena, não há divisão entre palco e plateia.

A última imagem, do espetáculo *La alegría de los náufragos*, de La Foca Monje Teatro, apresenta atores interagindo com diversos objetos.

De volta às histórias, não podemos esquecer que existem infinitos modos de contá-las. É possível narrar, mostrar (como se fosse uma aula), sugerir (contar apenas algumas partes), contar de trás para frente ou apenas citar uma história (falar que ela existe sem contá-la), entre muitas outras formas. Mas, quando pensamos em teatro, geralmente, pensamos em um único modo de contar uma história: encenando-a!

- **Para você, o que significa encenar?**

Encenar significa que as atrizes e os atores deverão viver a história usando roupas, adereços, bonecos, objetos, maquiagem, luzes, cenários e o que mais for preciso para que a história aconteça diante de nós.

O teatro é como um campo de infinitas possibilidades, basta que atores, atrizes e público estejam presentes.

ANDANÇA

Jogo do espelho

Para aquecer, vamos fazer um jogo que se relaciona com a ideia de presença. Nele, vamos usar o corpo todo, sem excluir o rosto, explorando movimentos corporais e expressões faciais.

1. Formem duplas.
2. Vamos fazer o jogo do espelho. Como o nome diz, você e seu parceiro ou parceira deverão ficar um de frente para o outro, a uma distância de um metro, mais ou menos.
3. O jogo é simples: primeiro se escolhe quem conduz e quem é o espelho.
4. Agora, quem conduz começa a fazer movimentos e expressões como se estivesse mesmo diante de um espelho. Quem é o espelho deve imitar exatamente quem está conduzindo.
5. Quando tiverem experimentado bastante, é hora de trocar as funções.

Ao final, você e seus colegas podem conversar sobre os desafios e as dificuldades que sentiram ao jogar.

TRILHA
As histórias que contamos

- Você se lembra de histórias que ouvia quando era mais novo? Tem alguma história preferida dessa época?

O ser humano é assim, gosta de contar e de ouvir histórias. Gosta também de se reunir em torno delas.

A fogueira, como um símbolo de reunião da comunidade, de encontro e trocas, pode também ser um símbolo do teatro. O fogo ilumina e aquece os corpos, e as histórias iluminam e aquecem a imaginação.

Existem tantas histórias quanto pessoas, porque, cada vez que alguém conta uma história, mesmo que ela já tenha sido contada muitas vezes, conta da sua maneira, com as suas palavras e gestos. Algumas dessas histórias são bem antigas e conhecidas por muitas pessoas: *Chapeuzinho Vermelho*, *João e Maria*, *João e o pé de feijão* e muitas outras. Algumas são mais novas, conhecidas apenas por um grupo de pessoas de determinada região ou até mesmo de certa idade. Há também a mitologia, que é o estudo e o conjunto de mitos, lendas e narrativas que explicam a origem de um povo, as leis do universo, fenômenos naturais e outros assuntos de difícil explicação. Existem, ainda, as histórias que não foram contadas ou inventadas. É uma aventura sem fim!

Há séculos os seres humanos se reúnem em volta de uma fogueira para contar histórias.

Você se lembra da imagem daquela mulher que conta histórias na primeira imagem desta unidade?

- Alguém já lhe contou uma história que fez você se sentir completamente envolvido com a narrativa?
- Que tipo de história lhe desperta mais interesse?
- O que faz você prestar atenção à narração de algum acontecimento?

Na tradição africana, os contadores de histórias, chamados de *griots* (lê-se griôs), são responsáveis pela memória da tribo, da comunidade. Presentes em diversos países do continente africano, como Burkina Faso e Mali, os *griots* ou *griottes*, quando são mulheres, também são músicos, conselheiros e conselheiras. São conhecidos como cuidadores da palavra, e, por isso, são muito respeitados, desempenhando um papel importante na sociedade.

É como se alguém soubesse lhe contar histórias que vieram da família da avó da sua tataravó! Imagine quanta beleza e quantas descobertas, costumes, tradições e ensinamentos você poderia conhecer.

Clareira

O *griot* Sotigui Kouyaté

Sotigui Kouyaté (1936-2010) foi um *griot* africano nascido no Mali, um país no oeste da África. Sua maneira de trabalhar com as palavras, contando histórias, tradições, aconselhando a comunidade e cantando músicas chamou a atenção de diversos diretores de teatro. Além de *griot*, foi um ator mundialmente conhecido, tendo trabalhado principalmente no teatro e no cinema. Em parceria com o diretor francês Peter Brook (1925-), participou de diversas peças teatrais e filmes durante quase 20 anos.

Na imagem, vemos Sotigui atuando no filme *London rivers*, no qual ele desempenha o papel de um pai em busca de informações sobre seu filho desaparecido. Seu personagem fica amigo de uma mãe, que também está em busca de sua filha. Por esta atuação, o ator ganhou o prêmio Urso de Prata no Festival Berlim (Alemanha) em 2009.

- Hoje em dia, quais histórias você tem ouvido? De quais histórias você gosta mais? É uma história que alguém te contou ou que você leu?

- Você imagina como seria a história de que você mais gosta sendo contada no teatro? Como seria o cenário? E os figurinos?

O teatro ocidental, enquanto expressão artística, nasceu em um lugar e em uma sociedade cheia de histórias fantásticas de deuses, semideuses e heróis. Esse lugar é a Grécia e o conjunto dessas histórias é conhecido como mitologia grega. Na época – por volta do século V a.C. – obviamente não existia internet, telefones, máquinas de escrever ou livros, como este que você está lendo agora. Muitas histórias eram passadas de geração em geração apenas por meio da **oralidade**, ou seja, pela fala. Era importante falar bem, escutar bem e, principalmente, ter uma excelente memória!

Glossário

Oralidade: é a transmissão de conhecimentos pela via oral, por meio da fala. Antes do desenvolvimento da escrita, era o principal meio de difusão do conhecimento.

CONEXÕES
Lendas do Brasil

Vamos fazer um jogo rápido:

- Qual dessas **lendas**, de diferentes regiões do Brasil, você conhece? Você sabe dizer de onde elas vieram?

  - O boto
  - Vaqueiro misterioso
  - Onça da mão torta
  - Saci
  - Pé-de-garrafa
  - Mula sem cabeça

- Quais lendas são transmitidas pelas pessoas no local onde você mora?

> **Glossário**
>
> **Lendas:** são histórias transmitidas de geração a geração, pela fala, que narram acontecimentos fantásticos.

Perceba quantas e quais histórias são compartilhadas pelas pessoas que moram em um mesmo lugar. As lendas de uma região são expressões da identidade.

Essas lendas são muito antigas e continuam sendo contadas até hoje. Cada uma delas tem origem em uma região brasileira, mas elas são conhecidas em todo o território nacional. Como isso é possível? Muito provavelmente porque "viajaram" junto com a memória e imaginação das pessoas que cruzaram o país ao longo dos anos. Por meio da oralidade, do contar e do ouvir em músicas, festas, cortejos e danças, elas foram passando de pessoa a pessoa, de um lugar a outro.

São mitologias tão ricas e cheias de símbolos como as dos gregos antigos. São narrativas que criam a identidade daqueles lugares. O teatro, como um lugar múltiplo, acaba sendo um espaço onde os artistas podem criar e contar suas versões das histórias, o que contribui para a manutenção e a divulgação de cada uma delas.

Da mesma forma, a mitologia da Grécia Antiga, que abordamos anteriormente, fazia parte do dia a dia daquela comunidade. Todos conhecem as histórias do poderoso Zeus, da justa Atenas, da bela Afrodite e do corajoso Hércules, por exemplo. Cada uma dessas histórias tinha um ou mais ensinamentos a serem compreendidos, por isso era tão importante que fossem contadas muitas e muitas vezes.

Cena do espetáculo *Era uma vez... lendas indígenas* com o Grupo Experimental de Teatro. A riqueza das lendas indígenas serve de inspiração para o espetáculo que explora as cores, os padrões e os elementos da cultura indígena, presentes no figurino e no cenário.

56

Mirante

História dentro de outra história

Hércules foi um grande guerreiro grego, filho de Zeus com uma mulher mortal chamada Alcmena. Reconhecido pela sua força extraordinária, realizou doze tarefas de grande dificuldade conhecidas como "os doze trabalhos de Hércules". No fim da vida, foi levado ao Olimpo, tornando-se um semideus.

As histórias de Hércules inspiraram o escritor brasileiro Monteiro Lobato (1882-1948) a levar a sua turma – Pedrinho, Narizinho, Visconde e Emília – para a Grécia a fim de ajudar o herói grego nos seus doze trabalhos.

O mesmo Hércules aparece em uma série de desenhos animados que contam as suas aventuras nos canais de TV.

Existe até um no jogo de *video game* chamado *God of war* (que significa "deus da guerra"): o personagem Kratos é um guerreiro a serviço dos deuses da mitologia grega e realiza várias missões com ajuda destes.

Outro exemplo de histórias que se mesclam e se transformam em uma nova história é a criação japonesa chamada *Cavaleiros do Zodíaco*, que mistura mitologia grega, elementos das histórias de cavalaria medieval, astrologia e astronomia – elementos que pertencem tradicionalmente à cultura ocidental – ao universo das animações e histórias em quadrinhos japonesas, chamadas de animes e mangás – que são parte da cultura oriental. São universos, assuntos e tempos diferentes reunidos, demonstrando que uma história pode ser contada de diversas formas, em vários formatos.

A deusa Atena e os Cavaleiros de Ouro, do desenho animado japonês *Cavaleiros do Zodíaco*.

ANDANÇA

Contando histórias em grupo

- Você gosta de contar histórias?
- Como você se sente quando está contando uma história para alguém?
- Você faz alguns gestos ou movimentos que te ajudam a passar a ideia que está contando? Como?
- Você brinca com a sua voz para diferenciar os personagens?

Vamos experimentar contar uma história em grupo:

1. Formem grupos de, no máximo, seis colegas, misturando meninos e meninas.
2. Escolham uma história que todos conheçam. Em seguida, escolham alguém para guiar o jogo – essa pessoa fica de fora do grupo.
3. Os outros quatro integrantes formam uma linha, ficando um do lado do outro, ombro a ombro.
4. Definam quem começa a contar a história escolhida.
5. Valendo! A primeira pessoa começa a contar a história, com o máximo de detalhes possível. Quem estiver guiando o jogo – a pessoa que está de fora do grupo – escolhe um momento e bate palma. Quando isso acontecer, a pessoa que estiver falando fica quieta na mesma hora e outra pessoa tem de continuar a história de onde parou, dando continuidade. Assim segue o jogo até que se chegue ao final da história e todos tenham contado, pelo menos, alguma parte.
6. Depois, troquem de guia, escolham outra história e recomecem o jogo.

ANDANÇA

Inventando uma história em grupo

Agora vamos experimentar outro jogo. É praticamente igual ao que vocês já estavam fazendo, mas tem uma diferença: em vez de contar uma história conhecida, todo mundo vai ajudar a criar uma história!

As regras são as mesmas do jogo anterior. Se quiserem, podem mudar os grupos.

Quando estiverem prontos, escolham um tema ou assunto sobre o qual será a história que o grupo vai inventar.

É preciso estar bem atento ao que o colega está contando para saber como continuar. A pessoa que está de guia deve dar um tempo razoável para que cada um desenvolva um trecho da história. Lembre-se: toda história tem começo, meio e fim.

Divirta-se com seus colegas. Afinal, contar histórias, assim como o teatro, é uma atividade que deve ser, antes de tudo, divertida.

Se você gostou de fazer esse exercício, experimente convidar seus amigos ou as pessoas que moram com você para fazerem juntos.

Vocês podem criar histórias sobre temas do lugar onde moram, por exemplo. Dependendo do número de pessoas, dividam-se em duas equipes: cada um pode criar histórias diferentes sobre um mesmo tema.

TRILHA
Contar com o corpo todo

Observe cada pessoa na imagem. Vamos identificar qual sentimento ou emoção cada uma delas está expressando. Se quiser, faça uma lista. Depois, você pode comparar com as respostas dos seus colegas.

Podemos usar o corpo todo para contar histórias: o rosto é a parte do corpo com a qual é possível expressar as emoções e os sentimentos de maneira mais clara.

Vimos que a contação de histórias é uma das formas de teatro, de comunicação. Agora, vamos pensar em outra possibilidade.

Você conhece um jogo no qual um dos participantes sorteia uma carta, para depois desenhar ou fazer a mímica daquilo que está escrito nela para que os outros tentem descobrir o que é? Não é permitido falar ou escrever qualquer palavra. Você deve contar o que está escrito na carta usando o seu corpo. Parece difícil? Divertido? E você pode perguntar: mas o que isso tem a ver com teatro? Tudo!

Em primeiro lugar, a diversão. O teatro é um lugar de jogo. Todos os jogadores conhecem bem as regras: quem está atuando, ou seja, quem está contando algo, o faz utilizando o seu corpo-voz e, às vezes, outros elementos como objetos ou um figurino; quem está assistindo sabe que está diante de uma **representação** e procura observar como a pessoa que conta algo joga com os elementos. É um jogo que brinca e estimula, principalmente, a imaginação tanto de quem faz quanto de quem assiste.

Observe as diversas expressões faciais da contadora de histórias chapecoense Josiane Geroldi, do Conta causos, em duas peças teatrais: *Foi coisa de saci* e *Tem coroa, mas não é rei*.

> **Glossário**
>
> **Representação:** nas Artes Cênicas, representar significa desempenhar um papel, um personagem.

Atriz Josiane Geroldi em cena no espetáculo *Foi coisa de saci*.

Atriz Josiane Geroldi em cena no espetáculo *Tem coroa, mas não é rei*.

- Tente imaginar uma história que inclua esses três momentos de expressão. Como ela seria?

ANDANÇA

Rosto expressivo

Vamos voltar ao quadro de expressões faciais que vimos antes e fazer um pequeno jogo. Toda a classe pode jogar junto.

Esse quadro possui 20 rostos e expressões diferentes.

1. Façam uma lista enumerando as expressões de 1 a 20 e dando o nome do sentimento ou expressão de cada um dos rostos.
2. Cortem 20 pedacinhos de papel, enumerando cada um deles de 1 a 20. Dobrem cada papel separado, como se fosse um sorteio de amigo-secreto.
3. Juntem todos os papéis numerados.
4. Sentados em roda, cada pessoa sorteia um papel e não mostra para ninguém.
5. Uma pessoa de cada vez encontra a expressão correspondente ao número que tirou na lista das expressões. Essa pessoa fica 10 segundos fazendo a expressão sorteada.
6. Em seguida, sem dizer nada, nem dar dicas, todos na roda devem repetir a expressão que viram também por 10 segundos. Esse tempo é bom para que todos se observem e vejam como cada um reproduz o que viu.
7. Quando todos tiverem feito a expressão é hora de adivinhar qual era e dizer o nome da expressão ou sentimento, de acordo com a lista.

TRILHA

Corpo expressivo

O ser humano precisa se comunicar e ele faz isso de diversas formas. Do mesmo jeito que no jogo, um dos objetivos do teatro é a comunicação de uma palavra, de uma ideia, de uma história.

Voltando ao jogo da imitação citado: a mímica é uma das técnicas de teatro sem palavras. Os atores e as atrizes precisam ensaiar bastante, trabalhando muito seu corpo para conseguir expressar tudo que precisam sem falar. Pode parecer complicado e difícil, mas tudo começa com a observação. Observar requer tempo, paciência e curiosidade.

- Você presta atenção nas pessoas ou nas coisas? Quanto tempo você acha suficiente para uma boa observação? O que você gosta de observar? Por quê?

Treinar o olhar é importante, pois quanto mais detalhes você colocar nas imitações, mais ricas serão suas mímicas e mais expressivo será seu corpo.

Para o trabalho do ator e da atriz, a observação do mundo à sua volta é um dos primeiros aprendizados. É preciso ser curioso, e se interessar por tudo e por todos. Cada situação e cada pessoa pode inspirar uma boa história a ser contada e compartilhada.

A imaginação também precisa ser exercitada: ler e escrever bastante; assistir a muitos desenhos, filmes, peças de teatro; visitar museus; conhecer pessoas; conversar, trocar ideias. Tudo é material para criação.

E é claro que o corpo, sempre incluindo a voz, também precisa se exercitar: se alongar, praticar esportes, dançar, cantar. Tudo isso ajuda muito na hora de usar o corpo-voz para expressar uma ideia, contar uma história.

Clareira

Marcel Marceau

Marcel Marceau, Salzburg, Áustria, 1997.

Imagine um artista fazendo os seguintes gestos: pega um pires e uma xícara invisíveis, uma colher também invisível; faz de conta que coloca açúcar no café, mexe com a colher; toma um gole de café, sente o gosto, faz uma expressão de quem gostou do sabor, engole, continua segurando e mexendo o pires e a xícara; sente o peso dos objetos, toma cuidado para não derrubar o café... como se estivesse com eles na mão de verdade! Essa é a descrição de uma cena de mímica!

Todos nós brincamos de fazer mímica, mas um mímico precisa treinar muito até conseguir fazer movimentos com perfeição e impressionar o público. A mímica é uma técnica difícil.

- Você já experimentou fazer movimentos precisos para convencer alguém de que tem um objeto nas mãos, está sentando em um banco que não existe, ou tateando uma parede invisível?

Um mestre da mímica foi Marcel Marceau (1923-2007), artista francês que ficou mundialmente famoso pela precisão de seus movimentos. Foi um dos primeiros a usar o rosto todo pintado de branco, o que ajuda a realçar suas expressões faciais. Para ele, a mímica era a "arte do silêncio". As riquezas de detalhes nas suas apresentações faziam ele tornar visível o invisível, exatamente como nessa foto em que ele parece estar apoiado em alguma coisa, mas não está!

TRILHA
Diferentes histórias, diferentes narradores

Observe a imagem a seguir.

Antígona, solo de Andrea Beltrão, baseado na tragédia de Sófocles, direção de Hamir Haddad, 2017.

- Você conhece a atriz da foto?
- O que você imagina que sejam essas palavras que compõem o cenário?

A imagem é do espetáculo *Antígona*, com Andrea Beltrão. A atriz recebe o público antes da peça, anuncia que ela vai começar e dá início à narração da história, alternando-a com momentos em que interpreta os personagens. O cenário apresenta um painel no qual se pode ver os nomes e as relações de parentesco entre os personagens envolvidos na tragédia.

Quando falamos sobre contar histórias, uma figura importante aparece nesse contexto: o narrador, a narradora. Essa figura é responsável não somente por aquilo que vai contar, mas também pela maneira como vai contar.

Nesse exemplo, a atriz faz todos os personagens da história e também acumula a função de narradora.

Existem tipos diferentes de histórias e cada um deles pede um tipo de narrador ou narradora.

Há aquelas que todo mundo conhece. Geralmente, são histórias que nossos pais e avós nos contavam quando éramos crianças e que eles provavelmente ouviram dos seus pais e avós. Elas vão passando de geração em geração: *Os três porquinhos* ou *João e o pé de feijão*, por exemplo, ou ainda outras histórias que as pessoas da sua família contam. Perceba a riqueza que é dividir histórias com as pessoas com quem você vive.

Como todo mundo conhece essas histórias, ou pelo menos a maioria das pessoas conhece, o narrador e a narradora que vão contá-la precisam conhecê-la bem, estar atentos aos detalhes – às vezes, existem até versões diferentes para uma história, mudando um detalhe ou outro. Lembre-se de que muitas dessas histórias vieram de outros lugares, pela tradição oral – e você não precisa conhecer todas as versões.

Na hora de contar uma história conhecida de todos, o narrador ou a narradora pode enfatizar um trecho, personagem ou detalhe que gostaria de destacar. Assim, as pessoas que estão escutando ou assistindo algo bastante familiar podem perceber as coisas de uma maneira diferente daquela já conhecida. Tudo depende do como a história é contada. Utilizando a imaginação, o corpo e a voz, um narrador ou uma narradora pode surpreender sua plateia, mesmo que a história já seja conhecida.

Clareira

Peter Brook

O inglês Peter Brook (1925-) é um **diretor de teatro** que formou uma companhia de teatro com atores e atrizes de diversas partes do mundo. Um dos pontos mais interessantes da mistura é a diversidade de histórias e de maneiras de contá-las. Como lidar com tudo isso? Esse diretor entendeu que, apesar de serem pessoas muito diferentes umas das outras, todos eram iguais na sua capacidade de contar histórias. E essa foi sua a aposta. Isso fez com que, na maioria dos seus espetáculos, existissem poucos elementos em cena, apenas o necessário para ajudar os atores e as atrizes a contarem uma história juntos.

- Você já experimentou contar uma única história em várias vozes, junto de outras pessoas?
- Como cada pessoa escolhe o seu modo de contar um mesmo episódio?
- Será que podemos perceber diferentes pontos de vista para um mesmo acontecimento?

Glossário

Diretor de teatro: é a pessoa que tem a função de organizar os elementos que fazem parte de uma peça de teatro, orientando as escolhas do grupo para que uma peça aconteça da melhor maneira possível.

Battlefield (*Campo de batalhas*), dirigido por Peter Brook. Londres, Reino Unido, 2017.

TRILHA
Diferentes narradores, diferentes pontos de vista

Existem histórias conhecidas apenas por quem vai contá-las. O narrador ou a narradora pode compartilhar uma história que ele ou ela conhece, mas seu público não.

Pode até ser uma narrativa conhecida, mas quem vai contá-la sabe que aquelas pessoas que vão escutá-lo, assisti-lo, não estão familiarizadas com a história.

Isso acontece, por exemplo, quando conhecemos um grupo novo de amigos, quando mudamos de escola, de bairro ou até de cidade. O simples fato de contarmos, por exemplo, o caminho que fazemos de casa até a escola pode se transformar em uma grande aventura, com pequenas mudanças a cada dia. E mesmo que seu vizinho ou vizinha esteja na mesma classe que você, e todos os dias vocês fossem e voltassem da escola pelo mesmo caminho, cada um tem seu jeito de contar. Certamente, as duas histórias seriam parecidas, mas cada um vai contar de um jeito, com detalhes, palavras e até emoções diferentes.

Nenhuma história é melhor que a outra. Todo e cada ponto de vista é sempre bem-vindo. Carregamos algumas histórias que gostamos de dividir com as pessoas que vamos conhecendo, encontrando. Isso faz de cada pessoa um narrador ou narradora em potencial.

- Você conhece versões diferentes de uma mesma história? Qual? O que muda de uma versão para outra?

O Teatro de Arena foi um dos mais importantes grupos de teatro brasileiro nos anos 1950 e 1960. Tinha um forte apelo político e social. A imagem a seguir é de um ensaio do espetáculo *Arena conta Zumbi*, sobre a luta dos quilombolas de Palmares. Na mesma linha, fizeram *Arena conta Tiradentes* que surpreendeu ao apresentar novos pontos de vista para a conhecida história de Tiradentes e o movimento da Inconfidência Mineira (1789), e *Arena conta Bolívar*, sobre a América Latina. Nas peças do Arena, os atores usavam o mesmo figurino e se alternavam entre personagens e narradores da história. O resultado era uma narrativa contada por diferentes pontos de vista. Vamos explorar mais essa ideia no livro do sétimo ano.

Atores ensaiando a peça *Arena conta Zumbi*, São Paulo (SP), 1973.

Mirante

O cordel

O cordel é uma forma de contar histórias que combina escrita e oralidade. Os autores, também chamados de cordelistas, escrevem e declamam seus versos.

É um tipo de literatura que veio de Portugal para o Brasil e por aqui está presente desde o período da colonização. São relatos, histórias, escritas geralmente em versos rimados que contam tradições populares, histórias de amor, trajetória de heróis e críticas sociais e políticas.

É uma forma literária escrita em versos, muito presente no nordeste brasileiro e conhecida em todo o país.

O paraibano Leandro Gomes de Barros (1865-1918) é um dos principais representantes dessa literatura no Brasil, sendo considerado o primeiro escritor brasileiro de cordel. Suas 240 obras, aproximadamente, serviram como material de inspiração para diversos escritores brasileiros.

Os primeiros versos de um de seus textos dizem assim:

O valor da mulher

Um dia eu estava liso
sem ter nada que almoçar
quando a mulher dum doutor
mandou a mim convidar
para cantar um pouquinho
para ela apreciar

Ora, com esse recado
fiquei bastante animado
fui numa venda vizinha
comprei almoço fiado
e mais tarde caminhei
para acudir o chamado

Já na casa do doutor
estava o povo esperando
e logo assim que cheguei
a mulher foi me avisando
que eu não cantasse peleja
porque achava execrando

Eu lhe respondi: senhora
pois será de bom mister
eu cantar no seu salão
sobre o valor da mulher
ou sobre o valor do homem
se acaso o doutor quiser (...)

Leandro Gomes de Barros. *O valor da mulher*. Juazeiro do Norte: Tipografia São Francisco, 1952. p. 1.

Cordéis biográficos da escritora, poeta e cordelista cearense Jarid Arraes.

66

Os livros de cordel e suas capas coloridas estampadas com xilogravuras.

E a história segue mostrando todos os elogios que o poeta fez às mulheres, além do recebimento de um bom pagamento – 50 mil réis – da mulher do doutor, que ficou muito admirada com o repertório do poeta. Em seguida, ele começa a elogiar os homens também, a pedido do doutor que, no final, impressionado com os versos, lhe oferece mais 50 mil réis. Muito contente, o poeta ainda faz mais alguns versos sobre o amor e, com isso, recebe mais cinco mil réis.

O desafio parece grande, mas, com dedicação e inspiração, esses poetas conseguiam produzir muitas histórias nesse formato sobre os mais variados temas. Como no teatro, tudo e todos somos material para criações e expressões artísticas.

A tradição da literatura de cordel permanece viva atualmente e segue inspirando novas gerações de escritores e poetas. É o caso de Jarid Arraes, escritora cearense que escreve cordéis sobre temas bastante atuais, como a questão da mulher na sociedade, direitos humanos e uma série sobre as grandes mulheres negras da história do Brasil. Dessa forma, ela consegue difundir e manter vivas as memórias de Acotirene, Anastácia, Carolina de Jesus, Dandara dos Palmares, Tia Ciata, Zeferina e muitas outras. Em 2018, Instituto do Patrimônio Histórico e Artístico Nacional (Iphan) reconheceu a literatura de cordel como Patrimônio Cultural Imaterial Brasileiro.

- Se você fosse lançar uma coleção de cordel hoje, sobre qual tema você escolheria escrever? Por quê?

ANDANÇA
Contando com o cordel

Agora vamos nos inspirar nos versos de Leandro Gomes de Barros, na maneira como ele escreve, e contar uma breve história no formato de cordel.

Em grupos de cinco colegas, cada um deve escrever uma estrofe em versos. No final, a história terá cinco estrofes.

O assunto é de livre escolha dos grupos.

Quando todos terminarem, reúnam todas as estrofes da história, em ordem.

É hora de ler em voz alta, para a turma, o cordel que cada grupo compôs. Primeiro, cada um lê a própria estrofe que criou, respeitando a sequência da história. Depois todos os integrantes do grupo podem ler o cordel inteiro juntos.

TRILHA
Diferentes pontos de vista, múltiplas possibilidades

Existem, ainda, as histórias que ninguém conhece. Pode existir um narrador ou narradora para essas histórias? Novamente, a chave para lidar com elas é a imaginação! O narrador ou narradora é alguém que consegue imaginar muitas coisas, diversas possibilidades para uma situação e fazer uma **improvisação**. Diferentemente do que se pensa, improvisar não significa fazer qualquer coisa, mas, sim, jogar com elementos que guiam a uma história sem ter um roteiro prévio.

O ponto de partida é o mais básico: toda história tem começo, meio e fim. Os outros elementos podem ser decididos pelo narrador ou narradora e até mesmo pela plateia presente. Por exemplo: quantos personagens existem na história? Onde ela se passa? Será uma história de amor? De terror? Uma história engraçada? São infinitas possibilidades!

> **Glossário**
> **Improvisação:** é um conceito amplo, existente em outras áreas artísticas como na música, na *performance* e nas artes visuais. No teatro, significa a criação de uma cena, e até de uma peça, que não foi pensada ou ensaiada previamente.

Um exemplo desse tipo de narrador são os repentistas, que fazem versos rimados sobre um assunto que aparece na hora, onde quer que estejam.

Hoje em dia, é possível encontrá-los nas ruas das cidades, geralmente em duplas, apoiados em instrumentos – violão ou pandeiro – na construção das rimas dos versos. É natural as pessoas formarem uma roda em torno dos repentistas e assistirem ao desafio de improvisos, muitas vezes sugerindo temas.

O narrador ou narradora é alguém muito atento ao mundo que o cerca. Está constantemente observando, pois sabe que a qualquer momento pode ver, sentir, pensar e ouvir alguma coisa que lhe inspire um pedaço de uma história ou, quem sabe, uma história inteira. A vida é o principal material para contadores e contadoras de histórias, narradores e narradoras, atores e atrizes.

Violeiros repentistas em treinamento, antes de apresentação. Antonina (PR), 2017.

CONEXÕES
Xilogravura: a ilustração dos cordéis

Repare que, nas capas dos cordéis biográficos de Jarid Arraes, a artista colocou imagens, fotografias e desenhos das mulheres homenageadas em vez das tradicionais xilogravuras.

Mas, afinal, o que é xilogravura e como ela veio parar nos cordéis?

A xilogravura, ou xilografia, chegou ao Brasil no período da colonização portuguesa. É uma técnica de origem desconhecida, mas há indícios de que tenha surgido na China e se difundido pela Europa no período medieval.

A xilogravura é a arte de fazer impressões na madeira, que é utilizada como uma matriz e, depois de esculpido o desenho, ele será gravado sobre o papel ou outro suporte adequado para receber tinta.

Claudio Caropreso, artista plástico, faz xilogravura em seu ateliê em São José dos Campos (SP), Brasil. 2014.

Quando chegou ao Brasil, a xilografia era muito utilizada para fazer rótulos de bebidas, sabonetes e doces vendidos nas feiras. Nessas mesmas feiras, os poetas declamavam seus cordéis, tentando vender os livros. Aos poucos, as imagens de xilogravura começaram a ilustrar as capas desses livros e essa tradição se manteve e se desenvolveu principalmente no nordeste brasileiro.

Neste capítulo, compreendemos que a narração está presente em nosso cotidiano e que nosso corpo pode ser usado para contar histórias.

- Como foi para você usar o rosto para se expressar? Você gostaria de repetir alguma expressão que fez ou viu seus colegas fazendo? Quer experimentar uma expressão nova?

Pode ser apenas com o rosto ou com o corpo todo, a expressão está presente em todas essas abordagens. Vimos, ainda, que há diferentes maneiras de narrar: as histórias que contamos podem ser conhecidas, inventadas e até mesmo improvisadas.

- Quem são os narradores e narradoras que fazem parte do seu convívio na escola, em casa, na rua ou outros lugares? Que tipo de histórias eles ou elas contam? São histórias mais conhecidas ou costumam inventá-las?

No próximo capítulo, veremos um pouco mais sobre como podemos contar histórias com a expressão do nosso corpo.

CAPÍTULO 2
Dar forma à sua história

Performances fabulosas, da artista Carolina Velasquez. São Paulo (SP), 2016.

O ator Sulivã Bispo no espetáculo *Kaiala*. Salvador (BA), 2016.

Como você já percebeu, cada um traz consigo muitas e muitas histórias, o que nos torna narradores em potencial. Ouvir e contar histórias nos ajuda a lidar com o mundo à nossa volta, nossos sentimentos e desejos.

É importante que você guarde suas histórias. Elas fazem parte daquilo que você é, daquilo que você pode vir a ser. Elas são um material muito interessante e, um dia, quem sabe, você poderá criar a sua maneira de colocá-las em cena e dividi-las com as pessoas.

CAMINHOS
Expressando-se para contar histórias

Algumas histórias estão sendo criadas neste momento e esperam alguém que queira contá-las. Outras histórias são tão antigas que ecoam tempos ancestrais. São as **fábulas** que nos acompanham, cheias de seres fantásticos.

- Ao olhar para as fotos da abertura deste capítulo, como você descreveria essas figuras? De onde elas vieram? Que histórias elas trazem consigo?

Da mesma maneira como fazem a artista Carolina Velasquez, na primeira foto, e o ator Sulivã Bispo, na segunda, seja na rua, em um palco ou em um espaço fechado, não são precisos muitos elementos para dar forma a uma história. Ao usar diversos tipos de tecido, maquiagem e, sobretudo, a imaginação, é possível experimentar histórias novas dando vida a seres imaginários e criando outras realidades.

Observe que, na primeira foto, a artista cria uma figura fantástica e brinca com ela na rua. Nessa **performance**, ela se coloca em relação às pessoas que encontra, dançando e brincando com elas onde quer que estejam. Já na segunda foto, o ator utiliza tecidos e maquiagem para contar três versões diferentes da história da menina Kaiala.

A atriz Eddy Veríssimo em seu monólogo *Sobejo*. Salvador (BA), 2016.

No capítulo anterior, conversamos e experimentamos o teatro do ponto de vista do contar histórias, expressar sentimentos e emoções com o rosto, e ainda vimos que o corpo todo é um grande aliado na hora de construir e mostrar nossas narrativas.

Agora, já podemos mergulhar um pouco mais nesse universo, pensando sobre algumas formas de usar esse corpo dentro do fazer teatral – é importante você não esquecer que, quando falamos em corpo, a voz está sempre incluída, afinal ela sai do nosso corpo, é um dos sons que nosso corpo produz (como você pode ver na unidade Música).

Ao olhar para a figura com a atriz Eddy Veríssimo em seu monólogo *Sobejo*, responda:

- Que tipo de história você acha que essa atriz está contando?

Observe como ela está se expressando. Vamos imaginar que, no momento dessa foto, o corpo todo estava se preparando para dizer uma frase importante.

- Qual frase seria essa?

Faça a mesma pose que ela. Mantenha a pose enquanto você pensa na frase que vai dizer. Quando sentir que encontrou sua frase, diga em voz alta para todos da classe.

Glossário

Fábulas: são histórias, narrativas curtas, com caráter educativo nas quais estão presentes animais que vivem e agem como se fossem humanos. No geral, apresentam uma lição de moral no final da história.

Performance: com relação ao teatro, indica um acontecimento que o artista cria para ser realizado uma única vez e, de preferência, sem ensaiar. O local, o tipo de público, a duração e o tema são parâmetros que ajudam o artista a criar sua performance.

TRILHA
Explorando o monólogo

Denise Stoklos é uma atriz brasileira conhecida mundialmente pelo seu trabalho de expressão corporal e vocal. Ela já fez muitos espetáculos e em praticamente todos eles o foco está na maneira como utiliza o corpo e a voz para contar histórias e interpretar, às vezes, mais de um personagem.

A mímica é uma das técnicas utilizadas. Ela costuma estar em cena sozinha – mas é claro que tem outras pessoas fazendo a peça com ela: o iluminador, que é a pessoa que cuida da iluminação da peça; o sonoplasta, que é quem cuida dos sons e músicas; e o contrarregra, que ajuda a organizar cenário, objetos, figurinos e adereços usados pelos atores e pelas atrizes. Esse conjunto de elementos faz parte da linguagem do teatro. Falaremos dessas outras funções desempenhadas no teatro nos próximos livros.

Espetáculos assim, com um único ator ou atriz, são chamados de monólogo. Denise denomina o seu teatro de "Teatro Essencial" porque ela acredita que o ator, a atriz, presentes com o seu corpo e a sua voz, são o essencial para que o teatro aconteça.

Ser a única pessoa em cena é um desafio para muitos artistas de teatro. De maneira geral, quando vamos ao teatro, temos pelo menos dois atores em cena jogando, construindo juntos uma realidade, uma história e compartilhando conosco esse momento. Basta se lembrar do jogo que fizemos de contar uma história juntos. Não foi divertido? Esse é um dos princípios do teatro: o jogo! Seja o jogo entre os atores e as atrizes, seja o jogo dos atores e atrizes com o público. Lembre-se: o teatro acontece quando todos estão juntos em cena e na plateia.

Agora, vamos pensar que você vai estar em cena sozinha ou sozinho, fazendo o seu próprio monólogo.

- Como você se sente quando se imagina nessa situação?
- Que tipo de histórias você gostaria de contar?

Você pode se inspirar em qualquer coisa: um livro, uma música, um quadro ou um filme de que você gosta, uma ou mais pessoas que você admira, enfim, tudo é material para inventar uma história!

- Você faria um ou vários personagens?
- Como usaria seu corpo-voz?

Denise Stoklos: atriz, dramaturga, diretora, criadora do Teatro Essencial.

As possibilidades são tantas, não é mesmo? Observe as imagens a seguir.

A atriz Rose Germano no espetáculo *Frida Kahlo, a deusa tehuana*, monólogo inspirado nos diários da artista plástica mexicana Frida Kahlo. Rio de Janeiro (RJ), 2015.

- O que mais chama sua atenção nessas fotos?
- O espetáculo é sobre Frida Kahlo (1907-1954). Você conhece essa pintora?

Repare na simplicidade dos elementos que a atriz Rose Germano, no espetáculo *Frida Kahlo, a deusa tehuana*, utiliza: um figurino criado de acordo com roupas compradas no México, no mesmo estilo das roupas usadas pela artista plástica de quem ela está contando a história, e todo o seu corpo-voz.

Observe a diferença nas posturas da atriz: em um primeiro momento ela está caída, com atitude mais fragilizada. Talvez a ideia seja simbolizar um momento de crise dessa personagem, já que na foto seguinte a personagem parece se colocar numa atitude de força, em outro momento de vida.

A segunda foto, que não foi tirada durante o espetáculo, nos apresenta a atriz em uma postura extracotidiana, embora pareça natural. Você costuma conversar com as pessoas ficando assim, parado ou parada, com os braços esticados ao longo do corpo? Pois bem, temos aqui uma atitude, uma postura mais teatral.

Todos podem ser Frida, projeto fotográfico da fotógrafa Camila Fontenele, São Paulo (SP), 2016.

Repare em um último detalhe: em cada momento, a atriz usa um figurino diferente. Junto com as cadeiras e as posturas, esses figurinos ajudam na representação de momentos distintos da história que a atriz representa. Apesar de diferentes, o figurino mantém uma unidade: são roupas do mesmo estilo, dentro do universo da personagem da artista representada.

Frida Kahlo foi uma pintora mexicana mundialmente famosa por suas pinturas, suas cores e, principalmente, seus autorretratos. O modo de se vestir de Frida Kahlo faz referência aos trajes e adereços tradicionais do México. Isso inspirou uma fotógrafa brasileira a retratar as pessoas vestidas como a artista mexicana, como você pode ver nas imagens. Saiba mais sobre autorretratos na unidade Artes Visuais.

- Ao olhar para as fotos que mostram uma família e uma criança "vestidas" de Frida, você imagina qual foi a intenção da fotógrafa nesse projeto?

ANDANÇA
Jogo de mímica

- Para você, na imagem ao lado, qual é o significado do gesto feito pela atriz Mariana Lima?

A atriz usa as mãos para criar um gesto que pode ser interpretado de diferentes formas e também ajuda a colocar o foco na sua expressão facial. Como você já percebeu, nosso corpo é um campo infinito de expressão, seja usando apenas o rosto, como uma máscara, seja usando o corpo todo para contar uma história na forma de mímica.

1. Convide um ou uma colega e formem uma dupla.
2. Uma pessoa da dupla vai ler o roteiro de ações a seguir e a outra pessoa vai realizar as ações. Escolham quem faz o quê. Depois, os papéis vão se inverter.
3. Quando a primeira pessoa que fez o roteiro terminar, vocês trocam os papéis: quem estava lendo vai fazer e quem fez vai ler.
4. Não se esqueçam de usar o corpo todo e caprichar nas expressões para mostrar sentimentos ou emoções.
5. Roteiro de ações:
   - Você está deitado em seu quarto, dormindo.
   - Você acorda com um susto. Parece que ouviu um barulho muito forte.
   - Você pensa se deve ou não sair da cama para tentar descobrir o que aconteceu.
   - Você decide se levantar, devagar, sem fazer barulho.
   - Você vai até o interruptor e acende a luz.
   - Você olha para o quarto, procurando alguma coisa diferente.

A atriz Mariana Lima, em espetáculo *Cérebro coração*. Rio de Janeiro (RJ), 2018.

- Você abre a porta do quarto e tenta ver se tem mais alguém acordado na casa.
- Você não vê nada de anormal em casa. Fecha a porta do quarto e, sem fazer barulho, vai até a janela.
- Você abre a janela do quarto para olhar se está tudo bem na rua.
- Você está olhando para a rua e, de repente, aparece um gato e você se assusta.
- Você fecha a janela do quarto e ri de si mesmo.
- Você volta para a cama e, antes de se deitar, você olha embaixo da cama para ver se tem alguma coisa ali.
- Você se deita na cama e volta a dormir.
- Pouco tempo depois, o despertador toca e você acorda de novo com um susto.
- Você procura o despertador perto da cama e o desliga.
- Você escolhe: Volta a dormir ou se levanta para começar o dia? Como você representa sua escolha fazendo mímica para finalizar a cena?

TRILHA
Explorando o circo

Alunos da Escola do Projeto Âncora, onde não há divisão de séries, idades ou provas. Cotia (SP), 2016.

O circo é um lugar que faz parte do nosso imaginário coletivo.

- Você já foi ao circo? Como foi a experiência? Se não foi, como imagina que seja?
- Qual é a diferença entre circo e teatro?

Se você nunca foi ao circo, imagine uma grande tenda de lona armada em um terreno. No interior da lona, há arquibancadas para a plateia e, no centro do circo, fica o picadeiro. Lá é o espaço onde toda a magia acontece.

Quando pensamos em circo, a primeira figura que aparece, provavelmente, é a do palhaço. Essa figura é um dos personagens mais tradicionais do universo circense. Mas existem muitos outros tipos de artistas de circo: malabaristas, contorcionistas, acrobatas, equilibristas, domadores, dançarinos e dançarinas e outros mais.

- O que você imagina que cada um deles faz?

Cada artista utiliza o corpo de uma maneira específica. Em comum está o fato de que todos eles apresentam números que misturam risco e beleza.

Dentro das artes cênicas, no circo – e, muitas vezes, na dança também –, o foco não está exatamente nas histórias a serem contadas. No caso do circo, as especialidades de cada artista, suas habilidades de fazer isso ou aquilo com o corpo, sempre com certa dose de desafio e risco, é o que conta. Com certeza, ficamos admirados com a quantidade de bolinhas que um malabarista consegue jogar ao mesmo tempo, com o corpo elástico das contorcionistas ou ainda com a possibilidade de queda real do equilibrista que atravessa o arame (mais conhecido como corda bamba).

E mesmo que os artistas estejam usando um figurino, que haja luzes especiais na iluminação, uma música, tudo isso se coloca mais em função do número a ser apresentado pelo artista e não de uma história que ele tenha de contar.

Da mesma forma que o teatro, o circo é uma arte que existe e acontece no mundo todo. Portanto, existem diversos tipos de circo e cada um deles tem suas características específicas.

Observe na foto ao lado um grupo de acrobatas chinesas. Você não busca descobrir se as meninas estão tentando contar uma história? Chama muito mais a atenção a capacidade que elas têm de equilibrar tantos pratos em cima de uma vara e se equilibrarem umas sobre a outras, concorda?

Acrobatas em cena, no teatro de Chaoyang. Beijing, China.

A tradição acrobática chinesa, por exemplo, é uma das mais antigas do mundo. Foram encontrados exemplos dessa arte **secular** há mais de 2 mil anos. Contorcionistas, malabaristas e equilibristas já executavam suas proezas que fazem do Circo Imperial da China um dos mais famosos do mundo hoje.

Outro exemplo é o grupo de acrobatas marroquinos, que vemos na imagem a seguir.

Glossário

Secular: que existe, acontece e se desenvolve de século em século, ou seja, há muito tempo.

Espetáculo *Halka*, do Grupo Acrobático do Tanger. Lyon, França, 2016.

Aqui também não há o objetivo de contar uma história. Isso não significa que cada um de nós, enquanto público, não possa criar as próprias histórias enquanto assiste.

- Quais diferenças você vê entre esse jeito de fazer circo e o da foto anterior?

Aqui, por exemplo, não temos um cenário e o figurino se parece com roupas que essas pessoas usam no dia a dia. Isso pode ter sido uma escolha que ajuda a colocar o foco naquilo que o grupo faz com o corpo e com os objetos que usam.

- Preste atenção: de quantas maneiras diferentes eles estão usando o elemento circular?

Alguns o equilibram em diferentes partes do corpo – na cabeça, nas costas; outro o utiliza como suporte para fazer uma parada de mão. Um objeto igual para todos, usado de diferentes formas.

- Será que esse objeto circular produz algum som?

Tudo isso são possibilidades expressivas utilizadas pelos acrobatas para criar um número baseado na manipulação desse objeto e nos movimentos dos corpos.

Novamente, o foco não é contar uma história, mas as habilidades e a criatividade do grupo em lidar com o objeto.

Vale lembrar que, como em todas as artes cênicas, é muito mais emocionante ver a acrobacia ao vivo, com todo o risco, do que quando a gente sabe que aquilo já aconteceu. Portanto, perceba que a presença, mais uma vez, é um elemento que marca a diferença entre os eventos teatrais.

Você percebeu nas fotos que, tanto o Circo Imperial da China como o Grupo Acrobático do Tanger, do Marrocos, estão se apresentando em um palco de teatro?

Atualmente, há artistas circenses que se apresentam em palcos e não na lona do circo. Essa forma de apresentação é chamada de novo circo ou circo contemporâneo, porque são artistas que não pertencem à tradição de famílias circenses, mas escolhem ser artistas de números circenses.

ANDANÇA
Jogo circense

E se agora a gente experimentasse um jogo inspirado no universo do circo?

Não é preciso ter alongamento ou figurino especial.

Vamos fazer um jogo de equilíbrio de cabo de vassoura.

Esse exercício pode ser feito em casa, sempre que quiser, em um espaço adequado, com autorização de um adulto, para não ter riscos de quebrar um objeto ou ferir alguém. Tudo é questão de treino. Os artistas circenses, com certeza, treinam muito, todos os dias. Seja para criar ou para aperfeiçoar um número, uma habilidade; é preciso se dedicar a isso um pouco por dia. É como ensaiar uma cena: depois de muitas repetições é que conseguimos ter domínio sobre as falas e os movimentos que devemos executar.

Então, o primeiro desafio desse exercício é fazê-lo um pouquinho todos os dias em casa ou onde for possível.

Comece tentando equilibrar o cabo de vassoura em pé na palma da sua mão direita ou esquerda. Atenção! Como se trata de um exercício de equilíbrio de objeto, perceba qual é a distância necessária entre você e outra pessoa, para que uma provável queda do cabo de vassoura não machuque ou atrapalhe ninguém.

O próximo desafio é encontrar formas diferentes de equilibrar o cabo, utilizando outras partes do corpo. Use a sua criatividade e descubra outras possibilidades de equilíbrio.

Como é um exercício de habilidade, treine bastante para que, quando se sentir seguro e à vontade, você possa apresentar para seus colegas, sua família e quem mais desejar.

E o que fazer quando perder o equilíbrio? Vamos colocar uma regra: quando isso acontecer, você deixa o cabo de vassoura cair, normalmente, e, antes de pegá-lo do chão para recomeçar o equilíbrio, você tem de fazer uma máscara facial, ou seja, uma careta ou expressão exagerada com o rosto, que você consiga manter por algum tempo, como se estivesse usando uma máscara de verdade. Mantenha a "máscara" por dez segundos: o corpo fica paralisado na posição que ficou logo que o cabo caiu. Combinado?

É importante que tudo seja feito sempre na presença de uma plateia.

À medida que você for treinando o equilíbrio – e as "máscaras" – de todas as formas que você conseguir, convide um ou uma colega para fazer um número juntos: então o novo desafio será fazer tudo isso em dupla, podendo até trocar os cabos de vassoura de formas diferentes e surpreendentes.

TRILHA
Auto da Compadecida

"– Num sei, só sei que foi assim!"

Esse é o **bordão** usado por João Grilo que, junto com o seu amigo Chicó, vive muitas aventuras e confusões. Por causa das mentiras que contam, os dois serão julgados. O *Auto da Compadecida* se passa no nordeste brasileiro e foi escrito pelo paraibano Ariano Suassuna (1927-2014).

A peça *Auto da Compadecida* foi escrita em 1955 e teve sua primeira encenação no ano seguinte, em Recife. Por conter personagens e situações representativas da cultura popular, foi encenada inúmeras vezes, fazendo sucesso em todo lugar que passava até ser adaptada para o cinema.

Glossário

Bordão: é uma palavra ou expressão que alguém sempre repete em determinada situação.

João Grilo e Chicó em montagem teatral realizada em Taperoá (PB), 2016.

A história virou filme no ano 2000. O elenco era composto de atores e atrizes com uma longa trajetória de teatro, como Fernanda Montenegro (com a personagem Nossa Senhora Compadecida), Denise Fraga (Dora), Luís Melo (Diabo), Marco Nanini (Capitão Severino de Aracajú), entre outros.

Até hoje, *Auto da Compadecida* é uma peça montada por grupos de teatro amadores e profissionais, sempre bem recebida por onde passa.

Selton Mello (João Grilo) e Matheus Nachtergaele (Chicó) em cena do filme dirigido por Guel Arraes, 2000.

Ariano Suassuna foi um autor brasileiro importante, com um trabalho ligado às suas origens. Ele soube juntar várias coisas – elementos eruditos com elementos das raízes da cultura popular brasileira – para criar sua própria maneira de escrever e criar teatro. Quer ver?

Ao ler atentamente o texto da peça *Auto da Compadecida* e observar a maneira como ele foi escrito, veremos que as referências do autor são ainda mais antigas (e nós já falamos um pouco sobre elas):

- **O circo**
  Há uma indicação do autor solicitando que a encenação da peça seja simples como as histórias do Nordeste que a inspiraram e que, se possível, o palco utilizado seja como um picadeiro de circo. Além disso, existe o personagem do palhaço, que funciona como um narrador, apresentando os personagens, entrando e saindo da peça, comentando o que acontece diretamente com o público.

- **A literatura de cordel**
  Seus temas são variados, indo da transmissão do conhecimento popular, passando pelas histórias de amor e chegando à crítica social e política. Tudo isso está presente na peça de Suassuna.

- **Os autos medievais**
  Aqui, a influência mais antiga para o autor, pois os autos surgiram na Idade Média e são formas teatrais curtas e de linguagem simples. Possuem elementos cômicos e a função de passar uma lição de moral. Essa forma teatral veio para o Brasil junto com os portugueses e está presente até hoje.

Observe que o teatro se alimenta de diversas fontes e serve de inspiração para outras linguagens. É um universo cheio de possibilidades e em constante transformação.

Glossário

Auto: é um tipo de composição teatral curta, com linguagem simples, que surgiu na Europa na Idade Média. Com elementos cômicos, também pode apresentar uma lição de moral.

CONEXÕES
Corpo, voz e tecnologia

Teatro, circo, contação, dança e cinema são algumas maneiras de se contar histórias utilizando o corpo e a voz. Entre todas essas formas, o cinema foi a que mais evoluiu tecnicamente falando. As câmeras foram se atualizando, passando das câmeras de rolo de filme para as câmeras digitais. O desenvolvimento da computação gráfica também auxiliou para que o cinema pudesse criar histórias e personagens cada vez mais fantásticos e quase realistas.

Com a ajuda de recursos tecnológicos de última geração, é possível dar vida, movimentos e voz a seres incríveis como um dragão, por exemplo, como é o caso do dragão *Smaug*, que está presente na trilogia do filme *O Hobbit* (Direção de: Peter Jackson, Nova Zelândia/Estados Unidos, 2012-2014). A base para isso ainda é o corpo humano. O que significa uma ampliação do trabalho do ator e da atriz.

A tecnologia utilizada está presente numa roupa especial como esta da imagem ao lado. Além de usar essa roupa, com dezenas de sensores, o ator utiliza,

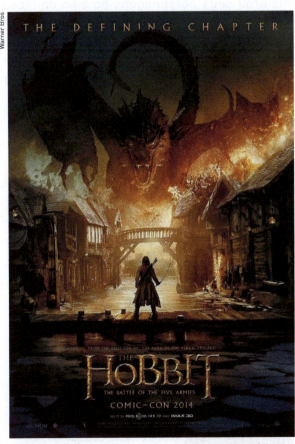

Cartaz do filme *O Hobbit*.

Performer executando movimento de *kung-fu*.

ainda, um capacete especial e há uma câmera que filma seu rosto que está cheio de outros microssensores. Esses sensores, na roupa e no rosto, servem para captar os movimentos dos membros e músculos do ator para que sejam aplicados na animação de dragão feita no computador.

Os sensores usados são sensíveis o suficiente para reconhecer cada movimento do corpo e do rosto do ator. Observe na imagem ao lado como o rosto do ator fica mapeado na tela do computador.

O resultado é uma combinação perfeita de movimentos e expressões. Quando assistimos ao filme, nem desconfiamos que as diversas expressões, assim como o modo de falar do dragão, na verdade, pertencem a um ator, um ser humano de carne, osso, movimentos, vozes e, principalmente, imaginação!

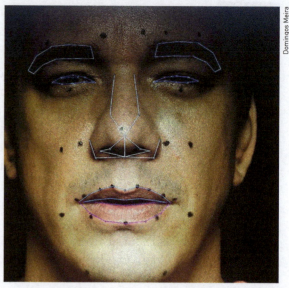

Reconhecimento facial feito por *software* que contorna as feições do *performer*, como sobrancelhas, olhos, nariz e boca.

AMPLIAR
Outras histórias

Como você viu nesta unidade, contar histórias faz parte de todo ser humano. Algumas histórias muito antigas, como as da mitologia grega, servem de inspiração até hoje para diversos artistas. Monteiro Lobato (1882-1948), escritor brasileiro, misturou seus personagens do *Sítio do Picapau Amarelo* com as aventuras de Hércules, na Grécia. Essas aventuras estão presentes nos dois volumes do livro *Os doze trabalhos de Hércules*.

Os saltimbancos é um musical infantil cuja versão brasileira é de Chico Buarque. Essa fábula apresenta quatro animais que fogem de seus donos exploradores e decidem virar músicos. É uma peça que já foi encenada muitas vezes e também existe um filme inspirado nela.

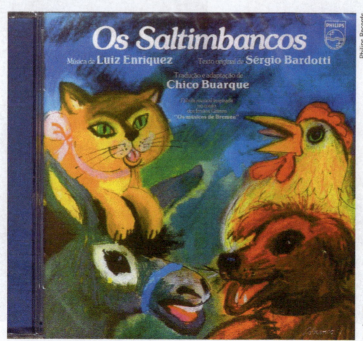

Capa do CD *Saltimbancos*, álbum de Chico Buarque, lançado em 1977.

Chegada

Trocando e compondo histórias

Aqui estamos, quase no final da unidade de Teatro.

Como o teatro é uma arte que acontece, principalmente, na prática, vamos fazer um último jogo colocando alguns elementos que vimos juntos nesses dois capítulos.

Escolha um ou uma colega da classe com quem você ainda não fez nenhum exercício.

1. Cada um vai contar um pouco da sua história para o outro. Coisas da sua vida que acontecem no dia a dia, por exemplo: o que você gosta de fazer nos finais de semana; uma viagem que você fez ou que sonha em fazer; um pouco da sua rotina, da sua história.
2. Observe como você se sente no papel que estiver fazendo: contando ou escutando. Para quem está contando, é importante lembrar do máximo de detalhes da história. Quem está escutando deve prestar atenção na maneira como o colega conta, nas expressões que ele faz, gestos etc. Tudo é material para a cena, lembra-se?
3. Quando a dupla tiver terminado de contar, cada um vai escolher as partes que mais lhe chamaram a atenção na história que ouviu. Faça uma lista dessas partes, colocando também detalhes, gestos e expressões que você percebeu.
4. Agora você vai criar uma pequena cena usando a mímica e a fala, para mostrar, contar, o que você escolheu da história que seu ou sua colega contou. Para criar essa cena, as regras são: a) você tem de usar todo o seu corpo – gestos, movimentos, expressões faciais e voz; b) você pode utilizar apenas uma cadeira e uma mesa, se precisar, e elas podem se transformar no que você quiser.
5. Ensaie bastante. Não se esqueça de que o teatro é divertido – diversão com responsabilidade e respeito. Quando você sentir que está pronto, pode apresentar para o colega e até para a classe toda. Será um festival de cenas curtas! Divirtam-se!

- Você se lembra do que pensava sobre teatro antes de ter contato com estes dois capítulos? O que mudou?
- Sobre contar histórias, qual maneira de narrar uma história chamou sua atenção? Por quê?
- E sobre expressão corporal, como você se sentiu colocando seu corpo em ação? Você percebeu algo diferente no seu modo de se expressar ou no de seus colegas?
- Você experimentou expressões faciais que nunca tinha feito? Percebeu, em um colega, uma expressão facial que lhe surpreendeu?
- Você descobriu algum artista, ator ou atriz, que você não conhecia? Qual? Quais? O que chamou a atenção no trabalho desse artista?
- Quais foram as suas dificuldades durante as aulas? Você as superou?
- Sobre o que você gostaria de saber mais no teatro?

UNIDADE 3
DANÇA

Ciranda na festa junina na cidade de São Roque de Minas (MG), 2011.

Para começar a falar sobre dança, precisamos voltar nossa atenção para o movimento humano. No nosso dia a dia, estamos o tempo todo nos movimentando: caminhando da escola para casa, descendo uma escada, segurando uma mochila ou sacola, abrindo e fechando uma porta. São movimentos que nos permitem realizar algumas ações práticas, mas que também podem ser temas para a criação de uma dança.

Na primeira imagem, a ciranda une um grupo de pessoas. Nela, os dançarinos se colocam virados para o centro da roda, girando no sentido horário. Na segunda imagem,

Expressões do corpo

Ingrid Silva, bailarina carioca solista do balé de Nova York.

Partida

1 Quando falamos em dança, o que vem a sua mente?

2 Que tipo de dança você gosta de praticar?

Observe a imagem da ciranda.

3 Quais gestos e posições podemos observar nos corpos das pessoas? É possível dizer em qual direção elas estão se movimentando?

4 Você já dançou em roda? Qual é a diferença entre dançar com outras pessoas e dançar sozinho?

Agora, observe atentamente a posição da bailarina na imagem ao lado.

5 Para você, o que os gestos da bailarina querem dizer?

notamos que a bailarina aparece sozinha, pois ela é uma "solista", ou seja, a bailarina principal de uma companhia de balé.

Nesta unidade, vamos falar do corpo que se expressa e de alguns elementos que caracterizam a dança como expressão artística: a linguagem do movimento. Veremos as diferenças entre a expressão na dança e nos movimentos espontâneos presentes nas brincadeiras ou nos gestos cotidianos. Vamos abordar como algumas expressões foram organizadas em técnicas de dança e como a dança pode comunicar ideias, sentimentos pessoais e coletivos, além de ser manifestação de uma cultura.

CAPÍTULO 1

Eu, movimento!

Dança-teatro conhecida como Vollmond, de Pina Bausch. Wuppertal, Alemanha, 2007.

Neste capítulo, vamos descobrir que o movimento está presente não só na dança, mas em muitos jogos, brincadeiras e gestos cotidianos. Você já parou para pensar em todos os movimentos que faz no dia a dia? Pense, ainda, nos momentos de diversão com os colegas: quais movimentos vocês praticam?

Brincando com o bambolê.

Observe as imagens.

- Quais semelhanças e diferenças você percebe entre as duas imagens?
- Quais brincadeiras você já aprendeu com seu corpo?
- Você conhece alguma dança? Qual?
- É possível dançar sem ter aprendido uma forma específica de dança?
- Na sua opinião, quais movimentos dão origem a uma dança?

CAMINHOS
A expressão nos movimentos cotidianos e na dança

No mundo todo, as pessoas brincam e criam jogos para interagir entre si. Cada cultura se manifesta por meio de suas tradições entre brincadeiras e jogos. Na brincadeira, muitas das ações corporais estão centradas nos movimentos e na interação, e têm o objetivo de divertir.

Na dança, passamos a lidar com nossos gestos ou nossa capacidade de realizar movimentos de um modo um pouco diferente daqueles que utilizamos em algumas brincadeiras. As ações corporais, como correr, parar, cair e rolar são um convite à dança e ao movimento. São ações que podem ser transformadas em dança, mas, para isso acontecer, é necessário que a pessoa tenha a intenção de dançar, ou seja, para o processo criativo na dança, é preciso transformar os movimentos cotidianos do corpo em linguagem da dança por meio de seus elementos: o tempo, o espaço, o peso/força e a fluência.

Para dançar, o corpo se move no **espaço**, usando um **peso/força** que lhe é específico em certo momento, com uma dada velocidade (**tempo**), ajustado por uma **fluência**.

Assim, a dança também pode se inspirar em uma brincadeira ou em um gesto do cotidiano para criar movimentos expressivos. No cotidiano, as pessoas realizam um conjunto de expressões espontâneas: caminhar na rua, ficar parado esperando o ônibus, ficar em pé conversando, sentar na praça, atravessar a rua... Você já se deu conta de que um mesmo movimento pode ser realizado de muitas maneiras diferentes?

Faça um exercício simples: no trajeto de sua casa até a escola, observe como as pessoas se movimentam de modos diferentes.

- Como o corpo de cada uma se organiza no espaço?

Por exemplo, para subir uma escada ou uma ladeira, algumas pessoas inclinam o tronco para a frente.

- Quantos modos de caminhar são possíveis? E paradas, esperando o ônibus ou alguém, como as pessoas distribuem o peso de seu corpo nas duas pernas?

Existem gestos que aprendemos para nos comunicar. Na dança também comunicamos alguns significados com os gestos do corpo. Todas as vezes em que você aponta com o dedo indicador para alguma direção com um dos braços estendidos, está usando um conjunto de músculos do seu corpo, mas também está criando uma **qualidade de movimento**.

Podemos olhar para todas as ações físicas do ponto de vista de suas qualidades e, inclusive, podemos observar e identificar essas qualidades em nós mesmos. Por exemplo, você já deu um aperto de mão firme? Ou com leveza? Firmeza e leveza são duas qualidades de movimento, nesse caso, ligadas ao gesto de apertar as mãos. E, assim, podemos dar qualidades para todos os movimentos, como: andar (rapidamente ou lentamente), acenar para um ônibus (de modo contido ou de modo amplo, com um gesto bem visível, grande) etc.

> **Glossário**
>
> **Qualidade de movimento:** para cada ação do corpo, podemos observar as seguintes qualidades (ligadas aos elementos peso, tempo e espaço), que variam entre: firme (forte), suave (leve), rápida, lenta, direta e flexível (indireta).

TRILHA
Primeiros passos

Nesta unidade, mostraremos danças que existem, em suas variadas formas e ritmos, lembrando no entanto que, para dançar, não precisamos necessariamente de um treinamento.

Dançar pode ser uma forma de expressar livremente significados com nossos gestos. Para aprendermos um gesto ou um movimento é comum começarmos imitando alguém. Depois de algumas vezes treinando e estudando determinado movimento, começamos a aprimorá-lo.

O balé clássico, por exemplo, que surgiu na Itália no século XVI e se desenvolveu nos séculos seguintes na França, é uma dança que exige um treinamento corporal, com vocabulário próprio de movimentos, ou seja, passos de dança capazes de serem transmitidos, ensinados e realizados em vários países do mundo. Cada movimento ou passo no balé tem um nome específico.

- Você conhece o nome de um passo de dança? Consegue realizá-lo?

 Coordenadas

Passos do balé clássico

Passo de dança é um movimento do corpo que é codificado, isto é, pode ser reconhecido e transmitido entre os dançarinos e outras pessoas interessadas em dança. No desenvolvimento dos nomes dos passos de dança, o balé clássico ganhou importância por ter sido uma técnica que recebeu um grande incentivo do rei Luiz XIV da França (1638-1715), que fundou a Primeira Academia Real de Balé na França, em 1661, a mais antiga escola e academia de balé do mundo.

- Você conhece alguém que faz aula de balé classico?
- Você já ouviu falar o nome de alguns passos do balé? Conhece o *plié*, o *arabesque*, o *croisé*?

Croisé
- Perna e ponta dos pés esticados à frente do corpo
- Peso do corpo na perna de apoio
- Braço direito levantado por cima da cabeça
- Braço esquerdo alongado na linha do ombro
- Ombros para trás

Plié
- Joelhos dobrados de forma acentuada
- Pernas voltadas para fora
- Tronco alongado
- Braços alongados na linha do ombro
- Calcanhares unidos

Arabesque
- Tronco levantado
- Colocar o peso sobre a perna de apoio
- Pé bem assentado no chão
- Perna direita estendida idealmente em ângulo reto
- Braços alongados na linha do ombro

89

ANDANÇA
Mova-se como eu!

- Você já parou para pensar em quais movimentos você realiza todos os dias até chegar à escola?

1. Pense em três movimentos que você faz da sua casa até chegar à escola.
2. Forme uma dupla com outra pessoa da sua classe.
3. Uma pessoa da dupla se posiciona na frente da outra e mostra os movimentos nos quais pensou, enquanto o colega, como um "espelho", imita esses movimentos cotidianos.
4. Antes de trocar as funções, a dupla conversa para saber quais movimentos foram escolhidos, tenta descobrir as partes do corpo envolvidas e por que esse movimento apareceu.

Coordenadas

Origens da ciranda no Brasil

- Você já participou de uma dança de roda? Foi fácil acompanhar o ritmo?

A ciranda é uma dança de roda que acontece em todo o Brasil, mas sua origem por aqui está ligada ao mar.

A ciranda provavelmente se originou em Portugal e foi trazida para o Brasil por volta de 1553. Começou a ser muito praticada na Ilha de Itamaracá, no estado de Pernambuco e se tornou uma dança de expressão cultural brasileira. Seus movimentos foram inspirados no balanço das ondas do mar e dançados pelas mulheres de pescadores enquanto esperavam juntas seus maridos chegarem com os barcos.

Maria Madalena Correia do Nascimento, conhecida como Lia de Itamaracá, uma importante cirandeira do Brasil, 2015.

Por esse motivo, o lugar mais comum de dançar a ciranda era na beira da praia, com os pés descalços tocando a areia.

O ritmo da ciranda é lento e repetido, remete ao balanço do mar e convida a entrar em sintonia de movimentos com todos os que participam. Por isso, é uma dança feita para todos, fácil de aprender, mesmo para aqueles que nunca tenham dançado em roda. Canta-se ao mesmo tempo em que se dança de mãos dadas, e todos giram para o mesmo lado.

TRILHA
A dança como movimento coletivo

Nas imagens de dança apresentadas na abertura da unidade, vimos como o movimento pode se organizar de diferentes formas. Observe novamente a imagem da ciranda, uma dança popular brasileira em roda, presente em diferentes lugares do país. Podemos perceber que os dançarinos e dançarinas realizam movimentos iguais, criando uma **unidade**. É como se todas as pessoas da roda estivessem realizando um único movimento, que envolve todos os corpos em uma mesma intenção – dançar com gestos que ocorrem ao mesmo tempo – e cria uma integração entre todos que participam da roda. Essa integração expressa o sentido de pertencer a uma comunidade. A dança, neste caso, valoriza e celebra as relações entre as pessoas que fazem parte de um grupo.

> **Glossário**
> **Unidade:** é quando se cria uma união, uma mesma forma entre elementos que são, a princípio, diferentes.

- E você? Pertence a qual comunidade?
- Seja na escola, no bairro ou em uma região específica, todos fazemos parte de grupos de pessoas que partilham espaços, hábitos, histórias, festas e modos de viver: comunidades. Existe alguma festa que seja realizada na sua comunidade? As pessoas dançam na festa? Qual é a dança?

Clareira

Pina Bausch e a dança-teatro

Pina Bausch (1940-2009) foi uma **coreógrafa** alemã que, a partir de 1976, descobriu alguns códigos de composição em dança relacionados com a **representação** teatral e se tornou uma das criadoras da chamada dança-teatro. Nesse tipo de dança, os dançarinos apresentam fragmentos de cenas que narram uma pequena história, alternando-os com a coreografia. Essas descobertas de Pina marcaram uma mudança nos conceitos de personagens e intérpretes (na dança) e introduziram pequenos gestos cotidianos em suas coreografias.

Pina Bausch dançando na peça *Café Müller*, 2003.

> **Glossário**
> **Coreógrafa:** é aquela que, a partir de uma ideia, desenvolve os movimentos para os bailarinos ou junto com eles. É quem escolhe outros criadores (músico, cenógrafo, figurinista, iluminador) que também farão parte de sua obra coreográfica.
> **Representação:** nas Artes Cênicas, representação significa desempenhar um papel, interpretar um personagem.

TRILHA

Dança ou brincadeira?

Olhe outra vez a primeira imagem que abre o capítulo. Vemos os dançarinos da *Tanztheater Wuppertal Pina Bausch* (Dança-teatro Pina Bausch de Wuppertal) jogando água para cima, como se estivessem brincando.

● **Para você, o que nos permite dizer que eles estão dançando?**

Essa **coreografia** do *Tanztheater Wuppertal Pina Bausch* foi criada em 2006 e se chama "Lua Cheia". Nessa criação, dançarinos de várias idades e origens exploram movimentos que podem expressar diferentes sentimentos.

Ao longo do espetáculo, acontecem solos de dança: momentos em que os dançarinos e dançarinas realizam sua movimentação sozinhos no palco. Em outros momentos, os solos se alternam com movimentos dançados por vários dançarinos. Algumas cenas dialogam com a linguagem do teatro, quando os dançarinos e dançarinas falam e se expressam também com o rosto, em meio a um cenário.

A imagem não deixa dúvidas de que se trata de um espetáculo, porque os dançarinos estão vestidos com figurinos, com uma atitude que amplia o gesto no espaço onde acontece a cena. Além disso, estão sob uma iluminação especial que destaca os movimentos e a água.

Ao contrário do que acontece na brincadeira, todos esses elementos foram colocados na apresentação de forma intencional e dizem respeito à linguagem e ao **espaço cênico** da dança.

> **Glossário**
>
> **Coreografia:** é o conjunto de movimentos, organizados no tempo e no espaço, que compõem uma dança.
>
> **Espaço cênico:** na dança, é o espaço que é definido com a movimentação da dançarina ou dançarino por meio de uma encenação que pode misturar o teatro, a música e a coreografia.

ANDANÇA

Bater asas e voar!

Vamos experimentar alguns movimentos que já realizamos em nosso dia a dia quando nos sentamos ou caminhamos. A diferença é que vamos prestar atenção no modo como os realizamos. Ao percebermos e utilizarmos nossa intenção em relação aos movimentos, podemos descobrir novas formas de organizá-los, individual ou coletivamente. Vamos ver se isso pode se transformar numa dança?

1. Em roda, com o grupo, inicie sentindo o contato dos seus pés com o chão. Você pode fechar os olhos, assim sua atenção fica nos seus pés.

2. Juntos, deem grandes suspiros, soltando a voz.

3. Comece a dobrar e esticar os joelhos, ao mesmo tempo que inspira e expira: esvazie todo o ar de seu corpo a cada vez que dobrar os joelhos e inspire amplamente toda vez que esticá-los. Não tenha pressa de fazer esse movimento. Ele deve ser feito junto com a respiração.

4. Inclua agora os seus braços nesse movimento: erga-os até a altura dos ombros quando você inspirar e, quando expirar, abaixe-os, esticando-os ao longo do corpo. Imagine que você se torna um pássaro que bate as asas lentamente no ar.

Podemos dizer que dançar também é ter consciência de nosso movimento. No ato de dançar, podemos sentir a relação do gesto executado com o peso de nosso corpo, com a gravidade, com o espaço, com um ritmo que pode ser dado por uma música ou por nossa própria respiração, como nessa prática anterior.

● **Qual foi a sensação de se mover como um pássaro no ritmo de sua própria respiração?**

TRILHA
Movimentos e tipos de dança

Muitas das coreografias que temos registradas na história da dança, diferentemente da música, não se basearam em uma partitura, ou seja, em um mapa de como os dançarinos devem realizar os movimentos, mas, sim, em histórias. Desde o século XIX, temos várias montagens de coreografias que são encenadas até hoje por diferentes companhias e em diferentes lugares do mundo.

- Ao olhar para a imagem a seguir, você reconhece qual é o tipo de dança? Como a reconhece?

O que nos permite reconhecer uma dança diz respeito também ao desenho que o corpo realiza no espaço e que tem uma duração, isto é, um tempo para acontecer, com um começo, um meio e um fim determinados. Em dança, chamamos isso de coreografia, que, de forma simplificada, é um conjunto de passos realizados e organizados no tempo e no espaço.

Alunos fazendo uma aula de dança em Novosibirsk, Rússia, 2017.

CONEXÕES
Danças pelo Brasil

- Você conhece ou já ouviu falar em samba, frevo ou capoeira?
- Você sabia que no Brasil já tivemos um estilo de dança e música chamado maxixe?
- Você já viu ou participou de alguma dança que deveria ser executada em dupla? Consegue se lembrar dos movimentos entre os dançarinos?

Maxixe: uma das primeiras danças urbanas do Brasil, deixou forte influência na maneira de dançar o samba de gafieira, mas também nas composições musicais, principalmente as de dois importantes compositores cariocas: Chiquinha Gonzaga (1847-1935) e Ernesto Nazareth (1863-1934).

Sob influência da música dançante europeia como a valsa, a mazurca e especialmente a polca, que foram ritmos tocados na corte de Dom João VI (1767-1826) e eram dançados por casais nos salões nobres, o maxixe ganhou a rua e misturou-se aos ritmos das senzalas praticados por meio de danças como o lundu.

Lundu: é uma dança e um gênero musical trazido e criado com base em batuques por povos vindos de Angola e do Congo no período da escravidão. No início do século XX, as populações negras foram proibidas de expressar sua arte corporal, pois sua dança era considerada extremamente sensual.

Johann Moritz Rugendas. *Dança lundu*, 1835. Gravura, 22 cm × 27,8 cm.

O lundu tornou-se uma importante manifestação cultural brasileira, que foi incorporada por alguns povos indígenas. Atualmente, é praticado em alguns estados do Brasil, principalmente na região Norte e, mais especificamente, na Ilha de Marajó, no Pará.

Carimbó: é uma das danças brasileiras com raízes indígenas que surgiu na região amazônica. Trata-se de uma dança de roda que teve influência musical e gestual das comunidades de origem africana e portuguesa. O nome vem do tupi *korimbó*, que quer dizer "pau que produz som", e se refere a um tambor que marca o ritmo e é feito artesanalmente com a escavação de um tronco de árvore e coberto com o couro de animal.

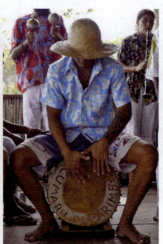

Grupo musical Cumaru, tocando o tambor chamado de *korimbó* ou carimbó. Santarém (PA), 2017.

Samba: o samba de gafieira é uma dança propagada no Rio de Janeiro pelos negros que vieram da Bahia na segunda metade do século XX e teve influências do maxixe em seus movimentos, por isso também é dançada em pares. Há vários passos que envolvem uma habilidade e agilidade nas pernas, pés e quadril do casal.

Na "caminhada do malandro", um dos passos que fazem parte do vocabulário de movimentos do samba de gafieira, a pessoa que conduz a outra caminha ao lado desta, como se estivesse desfilando, e depois retorna para o par, para continuar a dançar com ele.

Samba de gafieira, anos 2000, Rio de Janeiro (RJ).

Frevo: outra dança de expressão brasileira que exige habilidade e agilidade nas pernas, o frevo é uma manifestação cultural típica do Carnaval pernambucano. Começou no Recife, no século XIX, como resultado da tensão entre bandas militares e escravos que haviam acabado de ser libertados. É daí que vem o sentido da palavra *frevo*, que quer dizer "ferver".

Os movimentos do frevo incorporam elementos de outras danças, como o maxixe, a polca e, inclusive, a capoeira. Os dançarinos utilizam sombrinhas coloridas, que acompanham os movimentos dos braços e ajudam a manter equilíbrio na execução da coreografia. Os passos do frevo são acrobáticos, pois exigem também força e flexibilidade nas pernas e no tronco. Há mais de cem passos, que irão variar de acordo com o estilo de dança de cada pessoa. Na imagem a seguir, você vê alguns dançarinos e dançarinas de frevo. Observe como o dançarino que está suspenso no ar precisa de uma grande flexibilidade nas pernas e no tronco para conseguir saltar e alcançar as suas mãos na ponta de um dos pés. Repare que ele está com uma sombrinha fechada nas mãos.

O frevo foi eleito Patrimônio Cultural Imaterial da Humanidade pela Unesco em uma cerimônia realizada na cidade de Paris, França, no ano de 2012.

Dançarinos e dançarinas de frevo durante o Carnaval pernambucano.

TRILHA
Movimentos e direção

Observe os movimentos dos dançarinos nas imagens a seguir.

- Você imagina como os dançarinos da primeira imagem chegaram nessa posição? Para qual direção o corpo deles parece estar indo?

- Agora observe a imagem ao lado, que mostra duas dançarinas do Grupo Cena 11 Cia. de Dança. Para qual direção está indo o movimento das dançarinas?

Na imagem que mostra dançarinos do Balé Folclórico de Salvador, você observa um movimento que os bailarinos realizam: um salto que se afasta do chão, como se desenhássemos na imagem uma linha de baixo para cima para mostrar a direção.

As duas dançarinas do Grupo Cena 11 Cia. de Dança, ao contrário, lançam-se para cima, de modo que o corpo delas desenha uma linha diagonal de cima para baixo, com o corpo fazendo o movimento de ir da vertical para a horizontal.

O lançar-se para cima e depois para baixo, em direção ao chão, realizado pelas duas dançarinas, exige uma habilidade que é treinada envolvendo o peso do corpo, o desequilíbrio, a ação da gravidade e a ação do transcorrer do tempo. Os bailarinos do Cena 11 elaboraram uma forma de desenvolver essa habilidade para realizar esses movimentos sem se machucar.

Grupo Cena 11 Cia. de Dança, de Santa Catarina, coreografia *Pequenas frestas de ficção sobre realidade insistente*, 2007.

Balé Folclórico da Bahia, 2008.

Bailarinas do Grupo Cena 11 Cia. de Dança.

Clareira

O passinho

- Você reconhece a dança da imagem a seguir?

Trata-se da Dança do Passinho, que usa alguns passos praticados pela juventude carioca desde os anos 2000. Depois de ter sido apresentado nos palcos da cerimônia de abertura das Olímpiadas no Rio de Janeiro em 2016, o passinho ficou famoso. Mas, antes disso, era praticado nos bailes *funks* nas comunidades cariocas e ganhou importância por meio de alguns excelentes dançarinos. Também começou a ser praticado em rodas informais que podem ser vistas em ruas da cidade carioca.

Os movimentos que os dançarinos e dançarinas realizam com os pés e pernas é bem rápido e leve, e envolve um jogo de torções com o quadril e a região da cintura. É uma dança que traz elementos do *break* e do *funk* misturados a ritmos tradicionais do Brasil, como o samba, o frevo e a capoeira.

Embora existam **passos básicos** do passinho, como a posição do "sabará" ou a "cruzada", não há um modo único de realizar um mesmo passo. Cada um à sua maneira tem a liberdade de interpretar os movimentos de um modo mais livre, e criar movimentos e até estilos únicos de dançar. Existem alguns tutoriais disponíveis na internet que mostram como realizar esses passos básicos e aprender essa dança.

Glossário

Passos básicos: são movimentos que caracterizam a estrutura de uma dança, que são a sua base. Os passos básicos permanecem iguais, mesmo quando a dança sofre modificações.

Dançarino de Passinho.

Fotos: Anderson Prado/Folhapress

Mirante

Companhia do Balé Folclórico da Bahia

- Você já experimentou pular em sincronia com outras pessoas, saindo do chão e aterrissando no mesmo momento, com todo o grupo?
- E se, além de pular ao mesmo tempo, vocês tentassem realizar o mesmo movimento enquanto estão no ar?

Herança sagrada – a corte de Oxalá, no Teatro Dona Canô, Salvador (BA).

A companhia do Balé Folclórico da Bahia foi criada em 1988, em Salvador. Nela, os dançarinos e dançarinas recebem uma formação em dança moderna, balé clássico e *jazz* – um tipo de dança improvisada de origem americana que se tornou muito popular em outros lugares do mundo. Segundo o diretor da companhia, Walson Botelho, aquilo que os dançarinos de sua companhia dançam não é uma coreografia moderna, contemporânea ou clássica, mas uma releitura usando todo o conhecimento dos dançarinos aliado a uma linguagem afro-brasileira.

ANDANÇA

Imaginação e movimento

Um modo de criar uma dança é imaginar que estamos desenhando com nosso corpo no espaço. A prática da dança possibilita experimentar alguns movimentos de um jeito mais amplo e fluido no espaço, com a confiança de que podemos usar nosso corpo de um jeito leve, ágil e consciente. Agora, vamos usar as extremidades do nosso corpo para explorar alguns desenhos, criando linhas retas e curvas. Veja como você se sente ao ampliar seus movimentos no espaço.

1. Imagine que os dedos de suas mãos são pincéis com tinta colorida e comece a desenhar linhas retas imaginárias no espaço à frente de seu corpo, com o braço esticado, fazendo movimentos amplos.

2. Você pode seguir com a ponta de seus dedos, imaginando que contorna as linhas retas que observa dentro da sala, por exemplo, a borda da parede, a quina de uma mesa, as laterais de uma janela etc.

3. Agora, experimente fazer o mesmo com as figuras arredondadas. Você pode novamente observar objetos que tenham o desenho de um círculo e imaginar que está contornando com a ponta de seus dedos. Pode começar fazendo com uma mão e depois passar para a outra. Pode também dobrar seus cotovelos, para poder ampliar o movimento em todo seu braço.

4. Imagine outras partes de seu corpo como se fossem esse pincel e desenhe mais linhas retas e curvas. Use, por exemplo, a ponta dos dedos de seus pés e desenhe linhas no chão. Continue explorando a criação dessas linhas retas e curvas com outras partes de seu corpo.

5. Acompanhe com seu olhar os movimentos que está criando.

6. Imagine que o espaço ao seu redor se torna uma grande tela em branco e que você, dançando, pinta e desenha nele com seus movimentos. Ao final, olhe para o espaço e tente lembrar de todos os movimentos que você fez e a grande pintura que criou. Converse com os colegas sobre como foi esse exercício para você.

Nesse exercício, você explorou livremente alguns elementos da dança, como a relação com as linhas do corpo e o espaço.

- Você se divertiu com essa experiência?

- Foi fácil ou difícil se imaginar criando uma pintura com seus próprios movimentos no espaço? Por quê?

Vimos, até agora, como o movimento está presente em nosso dia a dia, como a dança pode se inspirar nesses movimentos e em brincadeiras com o corpo. Passeamos por algumas danças praticadas e criadas no Brasil e por possibilidades de direções do movimento no espaço. Experimentamos alguns exercícios que nos colocam em desequilíbrio para percebermos como é a relação com a gravidade e pudemos também improvisar alguns movimentos com o corpo criando linhas, cores e formas imaginárias no espaço. Começamos assim a compor uma dança que parte de nossa experiência pessoal. Agora vamos ver como o movimento e o gesto são fundamentais para nos relacionarmos com as outras pessoas no dia a dia e criar formas de expressão. No próximo capítulo, veremos como o corpo pode se comunicar por meio dos gestos. Vamos conhecer o que podemos dizer só com nossos movimentos, sem usarmos a palavra?

Clareira

Grupo Cena 11 Cia. de Dança

Coreografia *Carta de amor ao inimigo*, do Grupo Cena 11 Cia. de Dança, 2013.

Observe a imagem. Repare nos pés dos bailarinos, veja como cada um deles se utiliza de pontos de apoio diferentes: dedos, sola inteira no chão, calcanhar, ponta! Tente identificar como os bailarinos se mantêm em equilíbrio, como se posicionam para não cair, esticando ou contraindo partes do corpo, segurando firmes nas mãos uns dos outros ou apoiando-se mutuamente pelas costas. Tente imaginar como deve ter sido o momento seguinte ao desta foto.

- Para qual direção cada um dos corpos da cena deve pender?

O Grupo Cena 11 é da cidade de Florianópolis, em Santa Catarina. Há 22 anos, desenvolve e compartilha ideias sobre dança e modos de dançar e investiga as relações entre corpo, ambiente, sujeito e objeto. Suas coreografias associam pesquisa em dança e formação de dançarinos por meio de treinamentos corporais e reflexões sobre as várias formas de entender e definir o corpo e a dança. Muitas das criações dessa companhia utilizam a tecnologia como extensão e expansão do corpo dos dançarinos, por exemplo, com vídeos, estruturas mecânicas, próteses e outros recursos.

CAPÍTULO 2

Meu corpo, minha fala

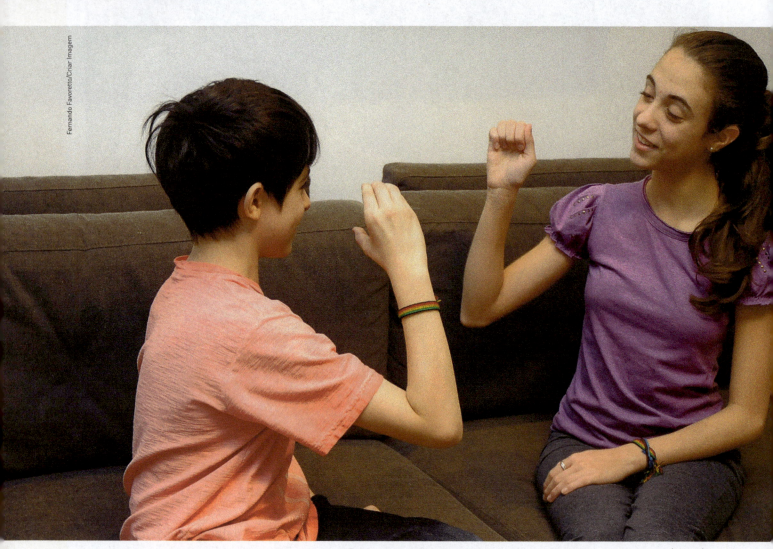

Duas pessoas se comunicando por meio da Língua Brasileira de Sinais (Libras).

- Você se lembra de alguma situação em que usou apenas gestos para se comunicar?
- Observe as imagens. Quais as diferenças entre os gestos que aparecem nelas?

Nossos gestos podem comunicar muitas coisas. Na primeira imagem, vemos duas pessoas se comunicando pela Língua Brasileira de Sinais (**Libras**). Nessa língua, cada gesto da mão e do rosto tem um significado. A segunda imagem mostra a cena de um espetáculo de dança. Nela, esse significado já não é tão fixo, ou seja, o gesto de uma dançarina ou dançarino pode ter muitas intenções.

- Mas o que é possível dizer dançando?

Glossário

Libras: é uma linguagem criada no Brasil para a comunicação com deficientes auditivos.

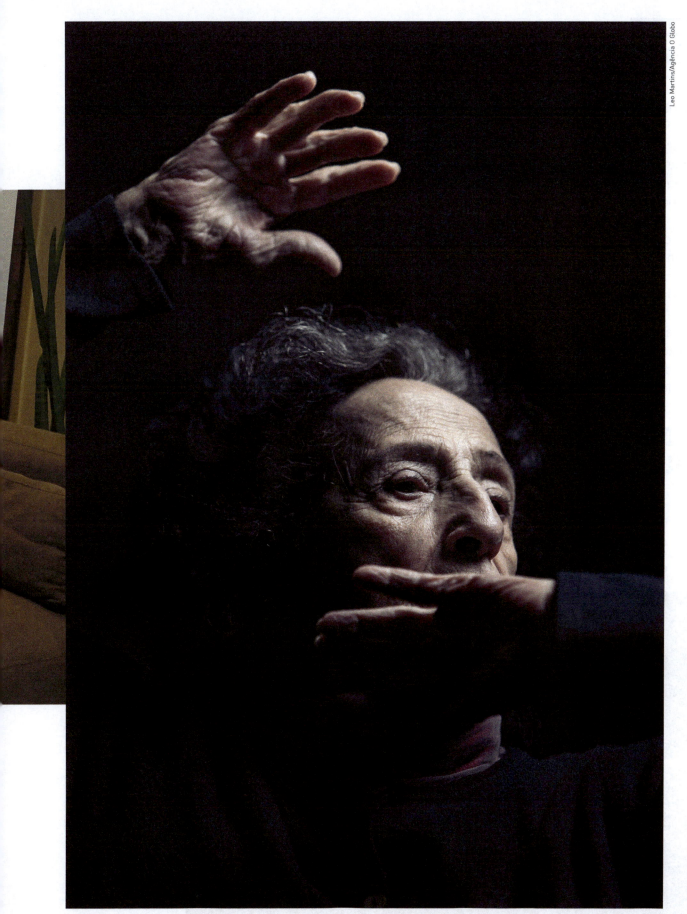
Angel Vianna, coreógrafa e dançarina, em espetáculo *O tempo não para*, com direção de Duda Maia, 2016.

CAMINHOS
Os gestos e seus significados

Os sentidos de uma dança podem ser muitos e variar também de acordo com o repertório que cada um traz quando assiste a um espetáculo.

Você se lembra de que falamos de qualidades de movimento no Capítulo 1? Uma caminhada pode ser rápida e leve, ou lenta e pesada. A mesma ação de caminhar pode trazer diferentes significados: que o caminhante está cansado ou alegre, está pensativo ou apressado... Quando dançamos, também criamos significados com nossos gestos. Mas o que é preciso para que esses gestos funcionais do cotidiano se tornem dança?

Cabe ao coreógrafo a tarefa de analisar esses gestos que podem vir do cotidiano ou de alguma história ou um **conto**. E, então, propor que alguns deles sejam repetidos, **contrastados**, exagerados, cortados, invertidos, variando os ritmos, as linhas, a velocidade, o peso. Cada uma dessas variações cria um significado para a dança.

As coreografias criadas por coreógrafos e coreógrafas de diferentes culturas expressam um significado que geralmente diz respeito às crenças, à história, ao modo de pensar e de sentir de cada sociedade. Assim, cada forma de dança, seja uma ciranda ou um balé, expressa um significado próprio, que pode valorizar a expressão de um indivíduo ou de um grupo.

Glossário

Conto: é uma história curta, geralmente inventada (ficção) que cria um universo de seres e de fantasias. Pode ser apresentada por um narrador ou pelo ponto de vista dos personagens.
Contraste: quando se quer sinalizar um jogo de oposição entre dois movimentos: forte/fraco, claro/escuro, leve/pesado.

TRILHA
Duas versões de uma mesma coreografia

Observe as imagens a seguir, em que os dois grupos de bailarinos estão dançando a mesma coreografia.

- Quais são as semelhanças e diferenças entre estes dois espetáculos?
- Qual das duas versões parece mais recente?

O lago dos cisnes, em apresentação na Royal Opera House. Londres, Inglaterra, 2018.

O lago dos cisnes, do Balé Teatro Guaíra. Curitiba (PR), 2018.

As imagens mostram momentos do balé *O lago dos cisnes* realizado por duas companhias. Essa famosa criação do compositor russo Tchaikovsky (1840-1893) conta a história do príncipe Siegfried, superprotegido pela mãe e rainha, que descobre seu grande amor pela princesa Odete, aprisionada na forma de um cisne por um feitiço de um mago. O conflito ocorre com a gêmea má da princesa, Odile, o cisne negro que disputa com a irmã o amor do príncipe.

Na primeira imagem, vemos uma versão clássica do espetáculo *O lago dos cisnes*, encenada em Londres. Podemos observar a bailarina que representa o cisne branco vestindo um figurino composto pela saia *tutu*, o acessório de cabeça com penas que remetem ao personagem do cisne branco, meias brancas e sapatilhas de ponta. O passo que ela está realizando, característico do balé clássico, é chamado de *arabesque*.

A segunda imagem mostra uma montagem contemporânea da mesma obra feita pelo Balé Teatro Guaíra, em que os personagens aparecem com figurinos mais próximos de uma roupa do cotidiano das cidades; a bailarina não usa sapatilha de ponta. Além disso, no movimento do *arabesque* que ela faz, os joelhos e tornozelos estão dobrados e os dedos das mãos, bem abertos. De forma diferente, essa versão apresenta uma ideia de corpo e movimento que não são mais tão **simétricos**, **longilíneos** e **rígidos** como os da versão clássica.

Mas, quando e por que os coreógrafos e dançarinos começaram a introduzir novas ideias e expressar novos significados por meio da dança?

Glossário

Longilíneo: é o que se diz de alguém que tem os membros dos corpos alongados.
Rígido: é o que segue sempre um modo de fazer algo, sem mudanças e sem flexibilidade.
Simétrico: no balé clássico, a simetria é um princípio, pois os movimentos seguem em sua maioria uma proporção, uma regularidade; por exemplo, o movimento que se faz de um lado, é feito exatamente do mesmo modo do outro lado do corpo.
Tutu: é uma saia firme feita com camadas de tecido vestida pela bailarina que deixa suas pernas à mostra para podermos visualizar os seus movimentos de pés e pernas.

CONEXÕES
A dança moderna e o Expressionismo

Laban e seus alunos.

Um dos responsáveis pelo surgimento da dança moderna, o bailarino e coreógrafo húngaro Rudolf Laban (1879-1958) acreditava que o movimento aumenta a compreensão sobre nós mesmos. Ele criou uma teoria de estudos (Análise Laban de Movimento) para que as pessoas pudessem entender como funciona o impulso do movimento. Ele experimentou novas ideias e misturas da dança com outras linguagens artísticas, principalmente a partir do surgimento do **Expressionismo**, depois da Primeira Guerra Mundial (1914-1918).

Em uma época de mudanças sociais, Laban percebeu que muitos trabalhadores nas linhas de montagem das fábricas e indústrias da época realizavam movimentos repetitivos, de modo mecânico, como se fossem máquinas. Nesse sistema de trabalho, cada funcionário era responsável por uma etapa de montagem de um objeto ou máquina, o que o obrigava a repetir o mesmo movimento durante todo o dia. Rudolf Laban buscava mostrar que as pessoas poderiam se libertar do movimento mecânico e encontrar um caminho de expressão livre e consciente – por meio do movimento.

Glossário

Expressionismo: movimento artístico que surgiu inicialmente na Europa, especialmente na Alemanha, no início do século XX e influenciou artistas do mundo todo. Parte da ideia de que a arte é um meio para expressar o que está no interior de cada um. Ver mais na unidade Artes Visuais.

Trajetória

Arquivo pessoal da coreógrafa

Quem é?
Denise Telles Hofstra

O que faz?
Performer, coreógrafa, pesquisadora, professora, diretora teatral e cineasta.

Denise Telles Hofstra

Para falar um pouco mais sobre os estudos de Rudolf Laban para a dança, convidamos a especialista em Laban e a Arte do Movimento e coreógrafa carioca Denise Telles Hofstra.

Pergunta (P): Qual a importância dos estudos de movimento pesquisados por Laban?
Denise Telles (DT): Um ponto-chave para falar dos estudos de Laban é quando a pessoa entra em contato com seu próprio movimento e percebe que pode se expressar através dele. Quando a pessoa cria seu próprio movimento, ela descobre o sentido do que está fazendo e pode se expressar mais livremente.

- O que você entende quando Denise diz que, "quando a pessoa cria seu próprio movimento, ela descobre o sentido do que está fazendo"?

P: Qual é a visão de Laban sobre o estudo do movimento?
DT: A grande contribuição que o Laban trouxe foi uma mudança de perspectiva: ele diz que o movimento precisa ser significativo para quem se move.

P: Qual é a importância da expressão do movimento na vida das pessoas?
DT: Laban nos diz que as pessoas se movimentam para alcançar algo que lhes é enriquecedor. Com isso, percebemos que as pessoas que se expressam por meio do movimento têm a oportunidade de se conhecer melhor e de ampliar sua visão de mundo, aprofundando seus valores.

P: Como é o processo de criação dentro dessa metodologia?
DT: O trabalho criativo começa a partir das propostas das pessoas que se tornam criadoras de seus próprios movimentos. Cada um pesquisa e colabora com uma ideia. E, então, por meio desses conteúdos, o professor ou coreógrafo poderá estruturar uma composição cênica.

(Entrevista realizada em 11 ago. 2018 no Sesc Paulista, SP.)

Pensando no que Denise fala sobre o "movimento precisa ser significativo para quem se move", experimente entrar em contato com os seus sentidos e escolha um movimento para realizar que seja significativo para você.

- Você consegue realizar esse movimento e, ao mesmo tempo, narrar onde ele começa no seu corpo, por onde ele passa e onde finaliza?

- Repita algumas vezes esse movimento que você escolheu. Considere diferentes posições no espaço, ritmos, peso (leve/forte). Como você se sente depois de criar o seu próprio movimento?

- O que você descobriu sobre você mesmo criando esse movimento?

Coordenadas

Os fatores de movimento

Rudolf Laban chamou de fatores de movimento o peso, o tempo, o espaço e a fluência. Os temas são a relação entre esses quatro fatores.

O **peso** pode ser delicado (leve) ou firme e atua na intenção do movimento, na sensação do corpo.

O **espaço** pode ser flexível ou direto, atua na atenção de quem dança em relação aos diferentes pontos (lugares) no espaço e tem uma relação com o caminho que o movimento desenha no espaço.

A **fluência** ou fluxo de movimento é o fator que atua no controle do movimento para que ele continue ou pare. Por exemplo, quando alguém decide parar uma ação de repente, congelando o movimento em uma pose, como uma "estátua", está trabalhando o fator fluência.

O **tempo** implica a decisão no tempo interno de cada um construindo o desenho no tempo. Por exemplo: quando alguém começa a realizar um movimento passando de um tempo lento e acelera até chegar ao rápido, está trabalhando o fator tempo.

A maneira como as pessoas individualmente utilizam e combinam esses fatores de movimento é peculiar e faz parte de sua personalidade, ou seja, cada pessoa dançando usa o tempo, o espaço, o peso e a fluência de uma forma diferente. No entanto, quando dançam juntas, podemos colocar esses fatores de movimento em relação, escolhendo, por exemplo, explorar os fatores juntas: lento (tempo), leve (peso), direto (com uma única direção no espaço) e contínuo/sem parar (fluência).

Rudolf von Laban em ensaio ao ar livre de seu grupo de dança, 1930.

ANDANÇA
Passeando por temas de movimento

Vamos experimentar um pouco desses temas de movimento?

- Você já pensou que podemos criar diferentes formas, ritmos e expressões com nosso movimento?

Alunos experimentam diferentes posições com os braços, enquanto caminham em fila pelo espaço.

1. Caminhe devagar pelo espaço da sala, se possível, sem os sapatos.
2. Repare como você pisa no chão, quais as partes de seus pés tocam primeiro no chão.
3. Experimente caminhar de costas, com atenção para o espaço atrás de seu corpo, de maneira que você não encoste em nada nem em outras pessoas.
4. Comece a pisar bem de leve no chão, como se ele fosse de vidro e seus pés fossem penas de pássaros. Veja o que acontece no restante de seu corpo.
5. Experimente agora pisar firme no chão. Como se você estivesse bravo. Perceba o que acontece com seu corpo.
6. E, para finalizar, caminhe como se estivesse muito cansado. Seu corpo todo pesa para o chão, desde a cabeça até os pés. É como se você estivesse carregando seu próprio corpo. Veja quais sensações aparecem para você.

TRILHA
Dança e improviso

Grupo Laban Arte/Dança. XXI Bienal Internacional de SãoPaulo – Parque Ibirapuera, São Paulo (SP), 1991.

Em 1940, a coreógrafa húngara Maria Duschenes (1922-2014) mudou-se para a cidade de São Paulo, onde começou a difundir um projeto de arte e educação por meio do movimento. Essa coreógrafa estudou com alguns professores fora do Brasil os princípios de movimentos desenvolvidos por Rudolf Laban (o coreógrafo húngaro que vimos quando abordamos o Expressionismo), contudo atualizou sua linguagem de dança misturando seus novos estudos com seus conhecimentos nas artes visuais.

Duschenes orientava seus alunos e alunas a dançarem a partir de algumas imagens relacionadas à natureza – por exemplo, a imagem de uma folha de árvore que se movimenta com o vento soprando. Assim, a coreógrafa mostrou que é possível **improvisar** na dança e que não precisamos dançar por meio de passos, pois se pode fazer isso de um modo mais livre, cada um com sua própria imaginação e expressão.

- Você já experimentou se mexer como uma folha ao vento? Como seria isso? Que tal criar um tipo de dança tendo como inspiração movimentos observados na natureza?
- Observando a imagem acima, você pode imaginar o que as dançarinas estão expressando?
- O que você pode dizer sobre esse cenário onde elas estão?
- Você vê algum diálogo de movimento entre elas? Como ele acontece?

Glossário

Improvisar: é a habilidade de criar movimentos espontaneamente, sem precisar seguir passos. A improvisação pode ter temas, por exemplo: dançar linhas retas e curvas.

TRILHA
Movimentos inspirados nos animais

Observe as imagens a seguir. As duas mostram pessoas usando figurinos que representam animais.

- Você imagina quais são os animais que os dançarinos estão representando com seus movimentos?

Na manifestação cultural do bumba meu boi ou boi-bumbá, os dançarinos representam personagens humanos e animais fantásticos. A história contada gira em torno de três momentos: a morte, o batismo e a ressurreição de um boi. Cada um desses momentos é encenado durante as Festas do Boi, que são realizadas em todo o Brasil, principalmente nas regiões do Norte e Nordeste. O ritmo predominante é chamado de toada, um estilo de canto regional formado por estrofes e rimas que se repetem.

Na segunda imagem, vemos os dançarinos da Companhia de Dança Merce Cunningham dançando a coreografia chamada *Pássaros na praia*. Nela, cada bailarino tem um conjunto diferente de movimentos para realizar. O figurino em preto em toda a região dos braços e ombros faz referência a um tipo de desenho que pode representar os pássaros na paisagem, como na ilustração acima.

Os bailarinos não precisam dançar exatamente juntos, com o mesmo movimento e no mesmo ritmo. Na companhia de dança de Cunningham, eles dançam como um bando de pássaros no qual cada um faz seu próprio voo.

Boi de mamão, em Antonina (PR), 2017.

Beach birds (*Pássaros na praia*), coreografia de Merce Cunningham criada para um vídeo, Nova York (EUA) 1991.

ANDANÇA
Construindo uma coreografia com seu próprio nome

Agora que você já experimentou improvisar com movimentos da natureza, vamos criar uma coreografia?

Glossário

Letra cursiva: é uma maneira de escrever à mão sem tirar o lápis ou a caneta do papel. Na escrita cursiva, as letras ficam ligadas umas às outras, o que permite que a palavra inteira seja feita com um único traço.

1. Comece escrevendo seu nome em **letra cursiva**, com a ponta de seus dedos, no ar.
2. Amplie o movimento da escrita envolvendo todo seu corpo nessa ação.
3. Agora você já pode começar a criar uma coreografia com os movimentos de que mais gostou.
4. Repita isso algumas vezes, até memorizar um modo de escrita de seu nome com o corpo.
5. Apresente sua coreografia a seus colegas.

ANDANÇA
Uma coreografia coletiva!

Vamos experimentar alguns movimentos dançando em círculo juntos?

1. Com seus colegas, formem um círculo, dando as mãos uns para os outros.
2. Para facilitar a movimentação dos pulsos, soltem as mãos do colega ao lado.
3. Cada pessoa estende os braços à frente do peito com a palma da mão direita virada para baixo e em contato com a palma da mão esquerda, "como uma boca de jacaré".
4. Abram os braços, mantendo essa posição das palmas: a direita voltada para baixo e a esquerda para cima, e voltem a formar o círculo com as mãos dadas.
5. O professor coloca uma música para tocar.
6. Olhem uns para os outros e comecem, ao mesmo tempo, a fazer movimentos, deslocando-se para um dos lados da roda, lentamente.
7. Cada um pode propor um movimento para o círculo, por exemplo, aproximando-se uns dos outros no centro da roda, como se a fechassem.
8. Vejam quantas formas de caminhar vocês podem realizar em círculo. Por exemplo, vocês podem caminhar abrindo e fechando as pernas ou cruzando as pernas uma na frente da outra, como nos passos da ciranda etc.
9. Em algum momento, o professor pode orientar alguém a soltar a mão da roda e começar a conduzir o grupo, como um trenzinho que percorre o espaço. Nesse momento, as mãos tocam suavemente os ombros da pessoa da frente. A cada sinal do professor, troca-se a pessoa que está na condução. O condutor do trem vai para o final da fila e a pessoa seguinte, atrás dele, assume a condução, e isso se repete até que todas as pessoas tenham passado pela posição de condutor do grupo.
10. Ao final, soltem as mãos e fechem os olhos por um instante. Tentem reconstruir o círculo de olhos fechados, apenas com a sensação e a memória no corpo do lugar na sala onde vocês começaram essa dança em grupo. Você lembra qual era sua posição na roda?

Clareira

Merce Cunningham e a dança do acaso

Dançarino e coreógrafo Merce Cunningham, 1962.

Merce Cunningham (1919-2009) foi um coreógrafo que contribuiu para o desenvolvimento da chamada dança moderna no começo do século XX e também da dança contemporânea, a partir da década de 1960, nos Estados Unidos. Em suas criações, a estrutura da coreografia deixou de se basear em histórias ou personagens, mas no movimento puro em sua relação com o espaço e com o acaso.

AMPLIAR
Billy Elliot: um menino no balé

Vimos, no primeiro capítulo, como o balé clássico marcou – com sua linguagem de movimento e seus passos – outros estilos de dança pelo mundo. Você conheceu o nome e o movimento de alguns desses passos, como o *plié* (que, traduzindo do francês, significa "dobrar").

Também vimos como o balé clássico se organizou como uma forma de dançar ensinada em muitos lugares do mundo e que há companhias nas quais homens e mulheres dançam e representam histórias e contos. No entanto, ainda hoje, existe muito preconceito em torno da profissão de bailarino para meninos e homens, pois muita gente pensa que dançar balé clássico é só para meninas.

O filme *Billy Elliot*, um longa-metragem lançado no ano 2000 e dirigido por Sthephen Daldry, apresenta a história de um garoto de 11 anos que vive em uma pequena cidade na Inglaterra, apaixona-se pela dança e sonha tornar-se bailarino profissional. Porém, tanto seu pai quanto seu irmão não acreditam em seu sonho. O pai envia Billy para uma academia, para aprender boxe, mas o menino não gosta do esporte. Quando assiste por acaso a uma aula de balé, fica fascinado e começa a fazer aulas de dança escondido. Sua professora o considera um dançarino talentoso e o ajuda a ir atrás de seu sonho e a entrar em uma famosa escola de balé clássico em Londres. Depois de tudo, o próprio pai de Billy passa a reconhecer o talento do filho. Quando perguntado sobre o que ele sente quando está dançando, o dançarino responde que é como eletricidade.

- E você? O que sente quando está dançando?
- Você acha que, para dançar profissionalmente, é preciso dedicação?
- Já pensou que existe a profissão de dançarina(o) ou bailarina(o)?

Cena do filme *Billy Elliot*, 2000.

Mapeando o corpo

- Se alguém fizesse um desenho com a sua imagem, qual posição seria escolhida para retratá-lo? Por quê?
- Como seria escolher uma pose para ficar parado por um tempo?

Em duplas, experimente desenhar o contorno do corpo de alguém de sua classe em uma folha bem grande de papel, na qual seja possível caber a pessoa inteira deitada. Com um giz de cera, tente seguir as linhas da pele e incluir o contorno da roupa e do cabelo também.

Cada um pode preencher seu contorno de corpo com alguns dos elementos de movimento que vimos nesta unidade: com linhas retas, curvas, colorindo etc. Com o desenho, também é possível criar um cenário para esse mapa do corpo. Você pode preencher o espaço de dentro do contorno e de fora com tudo o que lembra e ouviu ao longo desses capítulos sobre a dança.

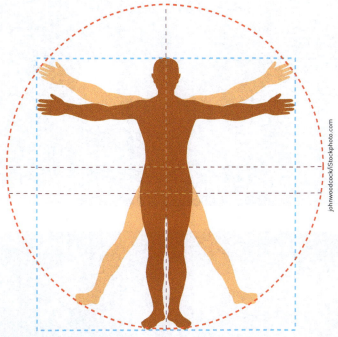

johnwoodcock/iStockphoto.com

- Você se lembra do que aprendeu ao pesquisar movimentos com seu corpo?
- Como foi criar uma coreografia com seus próprios movimentos e de um modo mais livre? O que você sentiu?
- O estudo feito sobre dança nesta unidade modificou sua ideia de dança? Por quê?
- Você sabe se existe alguma dança em sua comunidade, bairro ou cidade que trabalha com algum dos ritmos brasileiros apresentados nesta unidade?

UNIDADE 4
MÚSICA

Letieres Leite e Orkestra Rumpilezz, Salvador (BA), 2017.

O corpo musical

Grupo de música folclórica em Zermatt, Suíça.

1 Você já parou para pensar que música faz parte da sua vida de uma forma espontânea, natural?

Mesmo que você não queira – ou não ouça –, a música está acontecendo nas casas, nas ruas, na televisão, nos teatros e em muitos outros lugares. Os sons e as suas vibrações ressoam no seu corpo e fazem parte da vida de todos.

Nos dois capítulos desta unidade, nossos objetivos são relembrar o que você estudou sobre música nos anos anteriores e conhecer diversas formas de produzir som com o corpo: por meio de movimentos, da sua voz e a partir de instrumentos musicais feitos por você.

A música é feita por pessoas e para pessoas e, mesmo que o canto dos pássaros ou o barulho de um rio soem como música para você, essa percepção é particular: é a sua forma de ouvir e compreender o que ouve. Assim, você pode se valer dos múltiplos elementos sonoros para imaginar e criar sua própria música. É o que você fará nos dois capítulos desta unidade.

Observe as imagens da abertura. Elas mostram grupos de músicos, ou seja, pessoas que fazem música.

2 O que esses grupos têm em comum? E o que têm de diferente?

Glossário

Ressoar: quando o som se espalha firmemente, com força.

Orquestra de Câmara de Quatro Estações, Dnipro, Ucrânia, 2016.

CAPÍTULO 1

Eu, música!

Tradicional Congada de São Benedito, Ilhabela (SP), 2018.

Observe atentamente as imagens.

- Você consegue imaginar o som da música e as vozes dos cantores? Como os descreveria?
- Você já estudou música? Você já fez sons musicais com seu corpo? De que forma?

Agora, você vai mergulhar na ideia de ser protagonista dos sons que faz com seu próprio corpo, seja tocando, batucando ou cantando.

Cena do espetáculo teatral *Tupiliques*, da Cia. Repentistas do Corpo.

Pessoas cantando e dançando.

CAMINHOS
Explorando a música a partir do corpo

O seu corpo é um conjunto de possibilidades musicais. Ele é capaz de produzir diversos sons, ruídos, barulhos. Você pode **emitir** sons com a voz: pode ser um canto, uma melodia – com letra ou sem – ou sons diferentes, como estalos da língua, assobios, sons com os lábios e tantos outros.

Também é possível produzir sons **percutindo** no próprio corpo: palmas, estalos, pequenas batidas com a ponta dos dedos na bochecha cheia de ar, no peito, na testa; são inúmeras as possibilidades.

Tudo isso pode ser música, todos esses sons feitos por você, na sua voz, no seu corpo. Você é um ser musical! O seu corpo é um universo de possibilidades sonoras e é sobre isso que vamos falar neste capítulo.

Para ter uma ideia dos sons que podem ser feitos usando o corpo e a voz, ouça a música *Barbapapa's Groove*, criada e interpretada pelo grupo musical paulistano Barbatuques, fundado em 1995.

- Como você imagina que foram feitos esses sons com o corpo?

> **Glossário**
> **Emitir:** produzir o som.
> **Percutir:** ato de bater em algo. Os instrumentos de percussão são tocados ao se bater, com as mãos ou com baquetas (varinhas de madeira), em partes do próprio instrumento.

Barbatuques, grupo de músicos de São Paulo que usa a voz e o corpo para a construção de suas composições e interpretações.

Coordenadas

Qualidades do som

Todos os sons têm características comuns chamadas de qualidades do som. Você provavelmente já as estudou, mas vale relembrar: são a intensidade, a duração, a altura e o timbre.

O que é **intensidade**? 🔊 áudio

- Você já se assustou com o som de uma porta batendo forte? Tente se lembrar de outros sons que já lhe assustaram: quais foram eles?

Isso tem a ver com a **intensidade**, que é a característica que faz o som ser mais forte ou mais fraco. Experimente bater palmas. Dependendo de como você faz, elas podem ter uma variedade muito grande de intensidade, produzindo desde um som muito forte até um som muito fraco. Ouça outros exemplos de diferentes intensidades em música!

- Você percebe as diferenças de intensidade entre os exemplos tocados? Você se lembra de outros sons com intensidades diferentes?

O que é **duração**? 🔊 áudio

A **duração** se refere ao tempo ao longo do qual o som se prolonga, como o som de um apito de juiz de futebol, que é às vezes longo e às vezes curto. Experimente fazer sons longos e sons curtos com sua voz, depois ouça o áudio e veja quantas durações diferentes você pode produzir só com a sua voz.

- Como, no seu dia a dia, você usa essa qualidade do som?

O que é **altura**? 🔊 áudio

Quando falamos **altura**, estamos nos referindo a sons graves e agudos. Em geral, homens, à medida que vão envelhecendo, têm voz grave, enquanto crianças têm voz aguda. Nos animais, por exemplo, o miado de um gato é agudo e o rugir de um leão é grave. Experimente produzir com sua voz sons graves e agudos e depois ouça o áudio.

- Em relação à altura, como são os sons no áudio escutado? Você percebeu a variedade de possibilidades?

O que é **timbre**? 🔊 áudio

O **timbre** é a qualidade que dá a característica mais específica do som e que permite reconhecer sua origem. Por exemplo, a voz do colega ao lado é diferente da sua, não é? Você sabe disso porque o timbre de cada um é único, assim como o timbre de cada som produzido, seja pela voz, seja por algum instrumento musical e tudo o mais que produz som. No áudio, você ouve outros exemplos de timbre de voz, de timbre de instrumentos musicais e de objetos.

- Você reconheceu os sons tocados? Quais são eles?

- Vamos voltar à porta batendo ou a outros sons que já lhe pregaram um susto? Como você definiria as qualidades desse som?

ANDANÇA

Criando um repertório musical

● Vamos experimentar produzir sons com o corpo?

1. Em dupla, fique frente a frente com um ou uma colega e experimentem várias formas de bater palmas: com a base das mãos, com os dedos indicadores e médios juntos ou apenas com a ponta dos dedos, produzindo sons diferentes, lembrando o que aprenderam sobre as qualidades do som. Cada um vai descobrir e poder escolher sua própria forma de produzir sons com o corpo, mas é fundamental que conversem entre si e troquem informações sobre suas descobertas.

2. Depois, sozinho, e experimente juntar mais de uma qualidade, criando sons graves e curtos, ou graves, longos e fortes, explorando essas características. Crie um repertório de, no mínimo, cinco sons diferentes. Relembre o que já aprendeu, pesquise, invente: o exercício é seu!

3. Agora que você tem os sons escolhidos, ou seja, um repertório de movimentos que geram sons musicais, é hora de dar um nome para cada um deles e uma explicação básica de como executá-los. Pode não ser tão simples descrever cada movimento, mas parta do princípio de que você mesmo tem de entender como fazer o som ao ler a descrição: se você entender, todos entenderão. Essa explicação pode ser um texto, um desenho ou os dois! Em folhas separadas, faça uma ficha para cada som, como na imagem a seguir:

Nome do som:	Descrição
Qualidades	
Intensidade:	
Duração:	
Altura:	
Timbre:	

4. Com os sons registrados e novamente em dupla, troque as fichas com seu parceiro. Vocês devem, inicialmente, interpretar os registros um do outro, tentando adivinhar como fazer o som sem perguntar. Não é muito simples, mas pode ser bem divertido!

5. Depois, vocês vão construir uma **composição musical** com os sons que escolheram, usando as fichas para compor. Os dois participantes devem executar a sequência escolhida juntos, e como cada um tem no mínimo cinco sons para usar, sua música pode ficar muito interessante. Você pode estar se perguntando: mas isso é música? Sim! E das mais bacanas, porque foi você quem fez.

Glossário

Composição musical: é a criação musical, a obra completa e organizada da forma como o autor escolheu.

Repertório musical: é um conjunto de músicas e sons que conhecemos, formado ao longo da vida, sendo ampliado à medida que aprendemos novas informações sobre música.

TRILHA
Tradições e seus registros

Em nossa primeira **Andança**, você pesquisou e escolheu sons musicais, criou uma forma de registrá-los e construiu uma composição musical.

- Gostou da experiência? Quais os desafios encontrados para escrever os sons e seus movimentos?

A música tem sido escrita de várias formas, desde que se tem notícias sobre ela nas civilizações humanas. Além da tradição da música escrita, também existe um outro tipo de registro sonoro: o da **tradição oral**.

Edson Sato/Pulsar Imagens

Roda de capoeira de Angola, Paraty, (RJ), 2016.

- Você já viu uma roda de capoeira? Você já jogou capoeira?
- Como você imagina que é o aprendizado das músicas que são cantadas durante o jogo de capoeira?

A imagem acima é de uma roda de capoeira, manifestação artística brasileira que se vale da oralidade para transmitir seus ensinamentos dos mais velhos para os mais novos. Essa forma de passar o conhecimento musical de geração em geração é tão importante e efetiva quanto o conhecimento que é ensinado pela escrita das **notas musicais**, e está presente na vida de todos, mesmo que não prestemos atenção.

A unidade Teatro deste livro explica como o hábito de contar histórias faz com que estejamos trabalhando com a oralidade, dia após dia, usando a memória para aprender. Na música, isso funciona da mesma maneira: quando alguém quer aprender capoeira, procura um grupo, conversa com o mestre

Glossário

Notas musicais: são símbolos que representam sons. Foi o que você acabou de fazer na primeira **Andança**.

Tradição oral: é a forma de transmitir conhecimento pela memória e repetição oral, de uma geração para a outra.

e começa a participar das rodas, do jogo. Durante bastante tempo, ele vai observar e aprender com todos pela repetição e imitação, executando aos poucos os exercícios e se aprofundando cada vez mais no universo da capoeira. No decorrer dos anos, essa pessoa será, em muitos momentos, um aluno que aprende com os mais velhos e um mestre dos que estão sendo iniciados na capoeira. Sem ter de estudar em um caderno, esse mesmo aluno será um dia mestre, e o ciclo de aprendizagem recomeçará com outras pessoas.

A capoeira é uma manifestação cultural que une dança, luta e jogo. Ela surgiu no Brasil entre os séculos XVII e XIX, como uma necessidade de expressão e recriação social dos povos que foram aqui escravizados, tornando-se uma importante forma de resistência cultural afrodescendente.

É praticada geralmente em roda, a qual circunda os dois jogadores principais, e todos os que não estão jogando cantam e batem palmas, acompanhando instrumentos que são tradicionais da capoeira, como o berimbau, o pandeiro, os atabaques, ganzás, caxixis e agogôs, entre muitos outros. Veja alguns deles nas imagens:

Berimbau.

Caxixi, baqueta e dobrão.

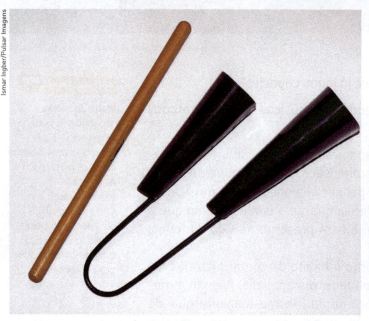

Agogô com baqueta.

Atabaque.

O berimbau normalmente é tocado com uma baqueta que percute na corda, ao mesmo tempo que uma moeda (ou pedra) pressiona a mesma corda. O caxixi é, muitas vezes, tocado ao mesmo tempo. Ouça, agora, o som do berimbau. 🔊 áudio

- Você já conhecia esses instrumentos? Conhece algum outro instrumento de percussão? Qual?
- Alguém em sua família toca algum instrumento de percussão?
- Quer compartilhar com a turma como você sente o som desse instrumento?

Como muitas manifestações tradicionais populares, a capoeira é praticada em todo o Brasil, sendo a 14ª expressão artística do país registrada como **patrimônio imaterial** da cultura brasileira pelo Instituto do Patrimônio Histórico e Artístico Nacional (Iphan).

Glossário

Patrimônio imaterial: são bens culturais que não têm materialidade, como as festas populares, as comidas típicas e outras atividades.

Grupo de capoeira em São Paulo, (SP), 2016.

Mirante

Registros artísticos da capoeira

No decorrer do século XIX, diversos artistas europeus vieram para o Brasil, motivados pela vinda da família real portuguesa. O objetivo foi registrar, por meio de **gravuras**, desenhos e outras técnicas, como era a vida no país.

A maioria deles veio em expedições oficiais, como: a Missão Artística Francesa, da qual participou o artista francês Jean-Baptiste Debret (1768-1848); a expedição russa, chefiada pelo barão Georg Heinrich von Langsdorff (1774-1852) e que trouxe o artista alemão Johann Moritz Rugendas (1802-1858); e a expedição inglesa do navio HMS Beagle, na qual vieram Augustus Earle (1793-1838) e também o naturalista Charles Darwin (1809-1882).

As imagens a seguir, produzidas na época, são um registro de como os artistas viam a sociedade brasileira daquele momento. É importante saber que esse é o olhar de um europeu, que permite conhecer um pouco dos instrumentos usados no jogo, das formas como os negros escravizados se vestiam, das maneiras de jogar capoeira e de outros aspectos da vida cotidiana, mas que não representa, necessariamente, a realidade da época.

Johann Moritz Rugendas. *Jogo de capoeira*, 1835. Litografia colorida à mão. 35,5 cm × 51,3 cm.

Jean-Baptiste Debret. *Negro trovador*, c. 1834. Litografia colorida à mão, 34 cm × 49 cm.

Augustus Earle. *Negros lutando*, c. 1824. Aquarela sobre papel. 16 cm × 25,1 cm.

- Você reparou que nesta última imagem aparece um homem fardado pulando o muro? Por que ele agiria assim?

Isso pode ser explicado pelo fato de que a capoeira, por ser uma manifestação de resistência, era **coibida** e perseguida pelas autoridades, chegando mesmo a ser oficialmente proibida em 1890. A capoeira só pôde ser jogada livremente em 1937, quando o então presidente Getúlio Vargas (1882-1954) revogou a antiga lei.

Glossário

Coibido: é o mesmo que reprimido ou intimidado. Algo que não é proibido, mas que não é bem-visto, como, no caso estudado, a prática da capoeira na época.

Gravura: é uma técnica que envolve impressão, isto é, o artista cria um molde (a matriz) a partir do qual o desenho pode ser reproduzido muitas vezes. A matriz pode ser feita de madeira, borracha, metal e pedra, entre outras possibilidades.

TRILHA
A sua voz

- Cantar, falar, gritar, sussurar... você já pensou no que é a sua voz? No que é a voz humana? Reflita sobre isso: dos sons que criou anteriormente, em quantos você usou a voz?

> **Glossário**
> **Sonoridade:** é o resultado do som ou dos sons que estão sendo produzidos.

A música vocal (como se chama a música cantada) é muito presente em todas as culturas, inclusive na do Brasil. A música popular brasileira é cheia de canções que são interpretadas por uma voz acompanhada de algum instrumento, por vozes cantando em coro (grupo de pessoas que cantam juntas) e até por uma única voz, cantando sozinha.

A voz é um instrumento musical fantástico, que permite muitas variações.

- Você já cantou? Lembra-se de alguma canção que gosta de cantar?

- Converse com os colegas sobre as canções que cada um sabe cantar: Qual canção é brasileira? Se não for brasileira, em que língua é cantada?

As músicas de outros países também têm uma **sonoridade** muito própria, justamente porque a língua falada de cada um soa muito diferente da nossa.
Ouça um trecho da música Bre Petrunko, cantada pelo grupo paulistano Mawaca. 🔊 áudio

- Como você poderia definir o timbre das vozes que estão cantando essa música?

- É parecido com a maneira de cantar que você conhece ou com a sua?

Clareira

O mistério das vozes búlgaras

O grupo feminino O mistério das vozes búlgaras é um coral que tem como objetivo promover a música popular tradicional da Bulgária por meio do rádio e da televisão. Ele tem esse nome porque as vozes cantam de uma forma especial, muito particular da região da Bulgária, leste europeu. Nas apresentações, as mulheres cantam, dançam e vestem roupas usadas nas festas tradicionais da região.

O mistério das vozes búlgaras, coral da Bulgária, em uma apresentação em Londres, Inglaterra, 2010.

CONEXÕES
As múltiplas dimensões da congada

Vamos voltar à abertura do capítulo. Uma das imagens mostra uma festa popular tradicional conhecida como congada ou congado, que ocorre em diversas regiões do Brasil.

- Você conhece essa festa? O que sabe sobre ela?

Trata-se de uma manifestação que recria a coroação de reis e rainhas do Congo (por isso o nome) e envolve música, dança, teatro e artes em geral. Na festa, geralmente todos os membros da comunidade participam, cantando, tocando, representando, costurando as bandeiras, as roupas e os adereços que os participantes usarão e muitas outras coisas.

De tradição afrodescendente, a congada é um exemplo de manifestação cultural que reúne diversas linguagens artísticas e uma grande quantidade de pessoas, sendo uma festa muito colorida, musical e **genuinamente** popular.

Muitas vezes, além de cantar e tocar os instrumentos, os participantes das festas tradicionais populares – também chamados "brincantes" – vestem tornozeleiras de guizos, que percutem ao mesmo tempo em que eles cantam e dançam, o que faz com que a própria roupa que vestem se torne um instrumento de percussão. Isso também acontece em danças indígenas, nas quais os chocalhos das tornozeleiras são feitos, muitas vezes, das sementes de plantas nativas das Américas, como o aguaí e o pequi.

> **Glossário**
> **Genuinamente:** a palavra "genuíno" significa autêntico, verdadeiro, puro. Genuinamente significa, então, verdadeiramente.

- Você conhece o pequi e o aguaí? Saberia descrevê-los?

Pequi, o fruto do pequizeiro.

Artesanato kuikuro: chocalho de tornozelo feito com sementes de pequi.

Fruto do aguaí.

Mirante

O pequi e o aguaí na cultura brasileira

O pequi é amarelado e nativo do Brasil, fruto de árvore típica do cerrado, o pequizeiro. Já o aguaí é um arbusto ornamental cujos frutos têm o formato triangular – e, por isso, também são conhecidos como "chapéu de Napoleão". Ambas são plantas presentes em muitas regiões de clima tropical no Brasil, e algumas etnias indígenas consideram que suas sementes são mágicas, utilizando-as para construir instrumentos musicais. Isso acontece em diversos grupos indígenas pertencentes aos guaranis – que atualmente habitam diferentes regiões do Brasil, da Argentina, da Bolívia e do Paraguai – e nos kuikuro e kalapalo, que vivem no Alto Xingu, região que pertence ao Parque Indígena do Xingu, no estado do Mato Grosso.

As árvores, a vegetação, as características geográficas e muitas outras coisas de uma região estão sempre ligadas à formação cultural das sociedades que habitam esse lugar, ou seja, são também elementos que fazem parte das culturas tradicionais do Brasil de formas diversas. Pela importância na história dessas comunidades, muitos dos elementos que fazem parte do espaço estão presentes em lendas e mitos, reforçando as relações ecológicas desses grupos com os **ecossistemas** de cada região.

Glossário

Ecossistema: sistema de relações entre os seres vivos e o ambiente.

ANDANÇA
Construindo um instrumento

Inspirados pela congada, vamos construir uma tornozeleira de chocalhos para acompanhar a composição musical feita anteriormente! Você vai precisar de papel sulfite, cartolina, lápis, borracha, régua, cola branca, fita adesiva, linha (ou barbante bem fino), fitas coloridas e sementes ou grãos. Mãos à obra!

1. Inicialmente, faça um projeto: desenhe com o lápis, em uma folha de papel sulfite, um modelo que servirá para todos os pequenos chocalhos que serão parte da tornozeleira. Depois, com uma tesoura apropriada, recorte seu modelo. Você pode usar o modelo seguinte:

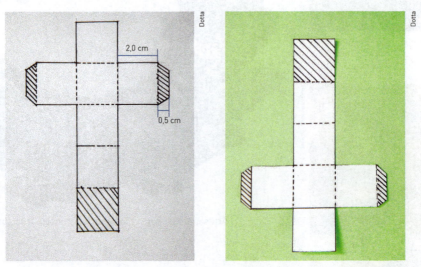

Modelo de chocalho: desenho e recorte. As partes hachuradas serão coladas ao final da montagem.

2. Depois, com seu modelo recortado, escolha um papel mais grosso que o sulfite (se você não tiver cartolina disponível, use as laterais de uma caixa de filtro de papel, as laterais da caixa de sabão em pó, de remédios ou de outro papel disponível). Desenhe diversos moldes na face lisa do papel escolhido.

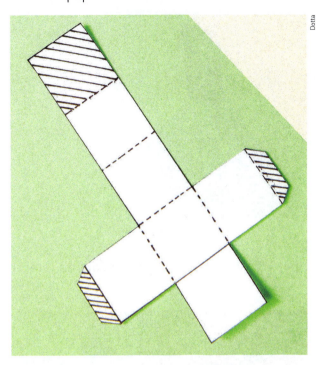
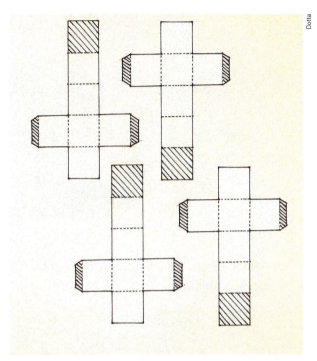

Papel escolhido (o que tiver disponível) e moldes desenhados.

3. Antes de cortar, faça um vinco, com a tesoura, nas linhas pontilhadas dos moldes. Depois, recorte e dobre as estruturas dos seus chocalhos.

Estruturas vincadas, cortadas e dobradas.

4. Cole as estruturas, deixando duas laterais abertas. Você pode usar cola ou fita adesiva (com fita adesiva é mais rápido – apenas tome cuidado para colar pela parte de fora, pois o plástico da fita pode atrapalhar o som do seu chocalho).

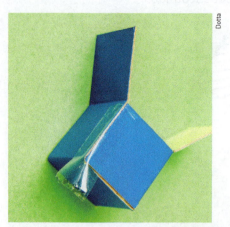

Caixinhas (estruturas) coladas.

5. Meça 20 cm de uma linha (ou barbante bem fino) e corte. Dobre ao meio e cole na lateral de sua caixinha.

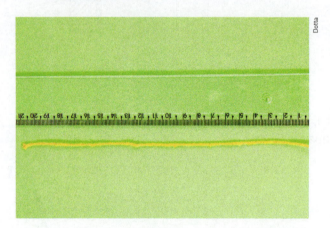

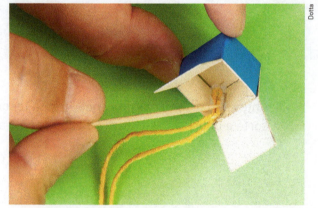

Linha medida, cortada e colada na caixinha.

6. Faça o mesmo procedimento com as outras caixinhas e espere secar completamente.

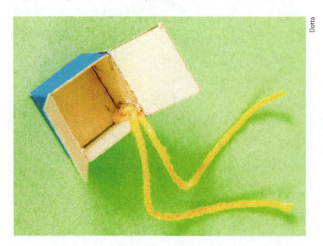

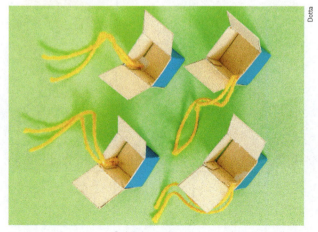

Caixinhas prontas para colocar sementes.

7. Encha as caixinhas com grãos ou sementes (até a metade, no máximo) e cole as duas laterais ainda abertas. Procure, antes de colar, testar a sonoridade de cada caixinha – experimente materiais diversos (arroz, feijão ou milho, por exemplo).

Caixinhas com sementes até a metade.

8. Sonoridade testada, cole as caixinhas e amarre-as na fita – sua tornozeleira de chocalhos está pronta!

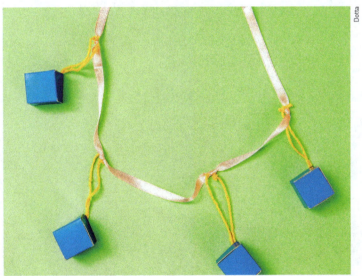

Você pode amarrar os chocalhos em uma fita colorida, em um barbante mais grosso ou mesmo em um pedaço de tecido cortado – o que importa é a sonoridade do instrumento. Para ficar bem sonoro, faça, no mínimo, quatro chocalhos – seis ou sete é o ideal.

- Gostou de seu novo instrumento? De que forma ele enriqueceu sua composição?

Neste primeiro capítulo, você conheceu diversas formas de produzir som com o próprio corpo: por meio de movimentos, da sua voz e de instrumentos musicais feitos por você. Além disso, retomamos o estudo das qualidades do som, realizamos uma composição musical, exploramos a capoeira, a congada e diferentes formas de usar a voz para criar música. Você é um ser musical!

Prepare-se para o segundo capítulo, no qual você vai conhecer um pouco mais sobre os instrumentos.

CAPÍTULO 2

Música, eu faço!

Dança da taquara na aldeia Aiha, da etnia kalapalo. Querência (MT), 2018.

Observe as imagens e perceba que todas mostram instrumentos musicais.

- O que há em comum nas imagens?
- O que são instrumentos musicais?

Tambores japoneses, chamados *taiko*, em Mostra do festival do cilindro, no Japão.

Grupo Congada Rosa com instrumentos de percussão. Atibaia, (SP), 2017.

- O que os diferencia de você, se pensarmos no fato de que, como vimos no capítulo anterior, você também é um instrumento musical?

Essa pergunta pode parecer estranha, mas, se você refletir sobre isso, verá que a diferença está na sua capacidade de **protagonismo**, quer dizer, é você quem faz o som acontecer, tanto no seu corpo quanto nos instrumentos musicais – mesmo que esses instrumentos sejam um computador ou reprodutores de som.

Glossário

Protagonismo: posição de destaque ocupada por alguém. Aquele que exerce o papel principal em determinada situação.

CAMINHOS
Explorando a música a partir dos instrumentos

No primeiro capítulo, você relembrou e conheceu diversas formas de fazer sons com seu corpo – usando as mãos, a voz ou o que achou que fosse necessário para fazer o som que queria. Agora, você refletirá sobre como pode usar o seu corpo para produzir som nos instrumentos musicais.

Os instrumentos musicais são usados pelo homem desde que as sociedades começaram a pensar sobre música, e isso ficou registrado nas **inscrições rupestres**, além dos diversos instrumentos musicais antigos descobertos em escavações **arqueológicas**, como a flauta feita do osso de um pássaro, descoberta no fim da primeira década do século XXI, na Alemanha.

Glossário

Arqueológica: referente à Arqueologia, ciência que estuda os vestígios das sociedades pré-históricas ou antigas.

Inscrições rupestres: a palavra "rupestre" indica o que é relativo à rocha. Pinturas rupestres são aquelas que, na Pré-História, foram feitas nas rochas e que ainda estão visíveis, permitindo conhecer um pouco dos hábitos humanos desse período.

Flauta de 35 mil anos, descoberta na Alemanha durante escavações em 2008.

- **Para você, o que são e o que não são instrumentos musicais?**

Observe as imagens a seguir.

Imagine que você tem nas mãos uma vassoura e comece a varrer o chão de sua casa. Essa atividade produz um som, não? Imagine, então, que outra pessoa chega e começa a fazer o mesmo – serão dois sons muito semelhantes (lembre-se das qualidades do som), que se unem em um mesmo ambiente. Se chegar mais uma ou duas pessoas, o mesmo vai acontecer.

Grupo Stomp, que toca percussão em objetos do cotidiano.

Grupo Stomp: percussão com tampas de balde de lixo.

- O que estão fazendo essas pessoas com as vassouras e os latões de lixo?

As imagens mostram o grupo internacional Stomp, que mistura dança, *performance* teatral e música, usando objetos cotidianos – como vassouras, latões de lixo, jornais e muitos outros. No palco, eles executam diversos sons ao mesmo tempo, construindo uma cena e também uma **massa sonora** muito especial, pois são inúmeras as variações de alturas, durações, intensidades e, principalmente, timbres.

Glossário

Massa sonora: soma de qualidades do som, ritmos e todos os elementos que estejam sendo ouvidos.

ANDANÇA
Instrumentos ao seu dispor

1. Faça uma lista de cinco objetos que você tem em casa e que você acha que podem ser usados como instrumentos musicais. Escolha objetos simples e, de preferência, pequenos, que possam ser trazidos para a classe, por exemplo: panelas velhas que não são mais usadas, baldes antigos, colheres, cabides de madeira, vassouras velhas, folhas de jornal.

2. Montem um grupo de três ou quatro integrantes. Conversem e, com a ajuda do professor, escolham o que cada um vai trazer: cada aluno deverá se responsabilizar por apenas um objeto, escolhido na aula. Ao chegar em casa, conversem com os adultos sobre esse exercício – caso o objeto escolhido não possa ser levado, avisem o professor ou professora e escolham outro.

3. Em classe, já com os objetos escolhidos, você e seus colegas de grupo devem observar a figura:

- Como vocês interpretariam esse esquema, tirando som dos objetos escolhidos como se cada um dos círculos fosse uma nota musical? Lembre-se: você já viu as notas musicais no Capítulo 1.

Observem: a distância entre as bolas é a mesma; existem cores diferentes, mas são repetidas; e os tamanhos são diversos.

- Como isso poderia ser interpretado musicalmente?

4. Experimentem fazer de várias maneiras: cada um toca uma cor, todos tocam juntos nas bolas grandes e apenas um ou dois tocam nas pequenas, por exemplo. Explorem. Criem, com seus instrumentos, um repertório de sons que correspondam à imagem.

5. Agora, com um repertório de sons escolhido, elaborem uma notação musical própria. Assim como na atividade do primeiro capítulo, os registros podem ser como vocês quiserem desenhar, mas devem corresponder a um som apenas. Vocês podem, por exemplo, indicar na forma escolhida a dinâmica do seu som – como no esquema anterior, no qual temos dois tamanhos de bolinhas. Explorem a relação dos desenhos com as diversas possibilidades sonoras.

6. Estudem para a interpretação: usem a notação escolhida como se fosse um livro que vocês leem, de forma sequencial, um símbolo depois do outro – em música, isso é chamado de partitura musical.

Coordenadas

O piano

- Você conhece o piano?

Ele também é um instrumento de cordas, mas de cordas percutidas. Quer saber como?
O piano tem um mecanismo interno que faz com que, no momento em que alguém aperta as teclas, pequenos martelos batam nas cordas, produzindo o som. Observe as imagens.

Teclas do piano (que formam o teclado do piano).

Para conhecer o som do piano, ouça a composição *Music for young and old* (Música para jovens e velhos), nº 1 e 2, do compositor dinamarquês Carl Nielsen, composta em 1930.

Mecanismo interno de um piano.

- Muito bem, gostou da apresentação de seu grupo? A notação musical correspondeu à composição criada por vocês?

Agora você já sabe que todo objeto pode ser um instrumento musical em potencial – tudo o que você quiser usar para produzir sons.

TRILHA
Instrumentos musicais formais

Ao contrário dos objetos utilitários que usamos na atividade anterior, existe uma enorme variedade de instrumentos musicais formais, isto é, que são reconhecidos apenas por produzir sons musicais. É um universo sem fim!

Veja e ouça alguns instrumentos de percussão:

Instrumentos de percussão.

Chamamos de instrumento de percussão aqueles nos quais o som é produzido por meio de batidas no corpo do instrumento.

Agora, observe outros instrumentos:

Quadril, quarteto feminino paulistano.

Juarez Moreira, violonista mineiro.

Esses instrumentos são de cordas, ou seja, aqueles que produzem o som por meio de cordas que vibram ao serem tocadas. Você vai conhecê-los mais de perto nos próximos anos. Agora, ouça alguns exemplos. áudio

Os instrumentos de sopro são aqueles que, para produzir som, é preciso que alguém sopre dentro deles. Veremos muito mais sobre esses instrumentos no ano que vem, mas agora veja e ouça alguns exemplos desses instrumentos: 🔊 áudio

SpokFrevo Orquestra, grupo recifense formado na maioria por instrumentos de sopro.

Abel Ferreira (1915-1980), clarinetista e compositor mineiro.

Trombonista americano, em praça de New Orleans. (EUA), 2006.

CONEXÕES
Uma escultura cantante

No início deste capítulo, você refletiu sobre o seu protagonismo com relação aos instrumentos musicais e sobre o fato de que é o homem que toca ou comanda o ato de tocar (no caso de computadores e aparelhos reprodutores de som). Mas será que é sempre assim? Observe a imagem a seguir.

Essa é uma escultura projetada pelos arquitetos Mike Tobin e Anna Liu, e está na Inglaterra. Concluída em 2006, ela é formada por tubos de aço dispostos de forma que o vento entre neles e produza diversos sons diferentes ao mesmo tempo – que são chamados de acordes. Repare que sua forma faz referência ao vento, como se tivesse sido esculpida por ele.

Mike Tobin e Anna Liu. *The singing ringing tree* (A árvore que canta). Escultura. Burnley, Lancashire, Reino Unido, 2017.

Mirante

A canção e a cultura brasileira

Como já foi dito anteriormente, a música popular brasileira é marcada por canções, isto é, composições musicais que têm por base uma letra. Esse conjunto de canções – o cancioneiro brasileiro – revela muitas características da cultura nacional, uma vez que muitas letras falam das características geográficas dos territórios, outras vezes da cultura local, de acontecimentos históricos e políticos, e também dos costumes e hábitos cotidianos das diversas regiões do país. Veja, por exemplo, um trecho da letra da música, *O grande poder*, uma **embolada** do compositor alagoano Mestre Verdelinho (1945-2010):

> O nosso Deus corrige o mundo pelo seu dominamento
> Sei o que a terra gira com o seu grande poder
> Grande poder com o seu grande poder
> [...]
> O homem aplanta um rebolinho de maniva
> Aquela maniva com dez dias tá inchada
> Começa nascer aquela folha orvalhada
> Ali vai se criando aquela obra positiva
> Muito esverdeada muito linda e muito viva
> Embaixo cria uma batata que engorda e faz crescer
> Aquilo dá farinha pra todo mundo comer
> E para toda criatura vai servir de alimento
> [...]
> Deus corrige o mundo pelo seu dominamento
> A terra gira com o seu grande poder
> Grande poder com o seu grande poder

"O grande poder", de Mestre Verdelinho. *Universando*.
Gravadora: Estúdio Concha Acústica. Alagoas, 2006.

- Qual é o assunto dos versos da música *O grande poder*?
- Você sabe o que é maniva?
- Você conhece músicas que tragam, na letra, nome de alimentos?

Essas músicas apresentam, para quem está escutando, uma informação sobre o que as pessoas provavelmente comem na região do compositor – é como uma janela que se abre um pouquinho, para que possamos ver um aspecto de uma outra vida, em um outro lugar.

- E você? Quais são os alimentos mais consumidos na sua região? O que você mais gosta de comer?

- Faça uma pesquisa para saber se existe alguma música que fala sobre o alimento que você mais gosta de comer. Mas atenção: não vale nome de bala, nem de algo semelhante, tem que ser comida, daquela gostosa que você come em casa.

- Converse com seus colegas e veja se eles têm escolhas que correspondam à sua. Qual foi o alimento mais citado? Vocês encontraram uma música que fala dele?

Os versos da música deixam claro as ideias culturais que o compositor quis colocar e fazem uma homenagem a essa raiz nativa das Américas, presente na culinária de todas as regiões do país. Na música, ele se refere à maniva, mas, dependendo da região, essa raiz é conhecida por outros nomes: macaxeira, aipim e mandioca são alguns deles.

A palavra "mandioca" tem origem nas línguas do ramo tupi e está muito presente na culinária indígena. Você deve se lembrar de que, no Capítulo 1, foi explicado que as características geográficas de uma região, o clima e a vegetação são elementos que também fazem parte do imaginário cultural das comunidades que lá habitam. A mandioca é tão importante para as comunidades indígenas do ramo tupi que sua origem se transformou em lenda.

Observe a imagem com as informações científicas da maniva (mandioca, ou macaxeira) no *site* da Empresa Brasileira de Pesquisa Agropecuária (Embrapa).

Observe, na imagem, que o nome científico da mandioca, ou macaxeira, é *Manihot esculenta*, e que ela faz parte da família das euforbiáceas. O nome científico é uma maneira de classificar uma planta ou um animal para que ele possa ser reconhecido no mundo todo. A importância disso pode ser compreendida ao pensarmos que, se a mandioca tem vários nomes no Brasil, imagine quantos mais ela tem nos outros países!

Porém, cientificamente, ela se chama *Manihot esculenta* em todos os lugares! Quanto à família (euforbiáceas é uma forma **coloquial** para a palavra *euphorbiaceae*), também é uma forma de classificação que ajuda a organizar todos os seres vivos conhecidos.

Glossário

Coloquial: informal.
Embolada: forma de música vocal na qual o cantor improvisa a letra por meio de versos e rimas.

AMPLIAR

Kalapalos do Xingu

No Capítulo 1, você conheceu o chocalho de amarrar no tornozelo e algumas etnias indígenas que usam sementes para construir esse instrumento, entre elas representantes dos guaranis, kuikuros e kalapalos. Dentre tantos grupos, os kalapalos tiveram trechos de sua história retratados no filme brasileiro *Xingu* (2011), dirigido por Cao Hamburger. No filme, é narrado o encontro dos irmãos Villas-Bôas com diversas etnias indígenas, e são mostrados diversos aspectos da cultura desse povo.

Os irmãos Orlando, Cláudio e Leonardo Villas-Bôas foram jovens que, no início da década de 1940, fizeram parte da expedição Roncador-Xingu – que tinha como objetivo desbravar e ocupar regiões centrais do Brasil. Os irmãos se tornaram, no decorrer dos anos, importantes mediadores para a criação do Parque Indígena do Xingu, em 1961 (na época chamado de Parque Nacional do Xingu), possibilitando que as comunidades indígenas que habitavam (e ainda habitam) a região tivessem assegurada a sua permanência física e cultural.

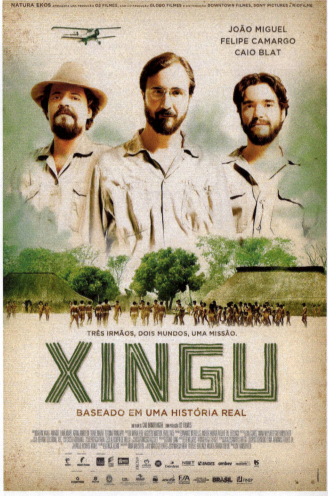

Cartaz do filme *Xingu*, 2011.

Crianças da etnia kalapalo. Querência (MT), 2018.

Chegada

Brincando com os sons

Muito bem, você está quase no final da unidade, e experimentou de diversas maneiras sons produzidos com seu corpo e com objetos diferentes, transformando-os em instrumentos musicais, escolhendo timbres e todas as qualidades do som que quis, criando caminhos para sua própria forma de fazer música.

Agora, que tal fazer um pequeno jogo, uma brincadeira para exercitar o que aprendeu?

Mãos de crianças africanas tocando o grande tambor.

1. Forme grupos com três ou quatro pessoas e escrevam sequências de sons de acordo com o que seu professor pedir.
2. Forme uma roda com seu grupo, ao lado dos outros grupos.
3. O primeiro grupo deve iniciar tocando e/ou cantando os sons escolhidos, e o segundo grupo deve responder imediatamente, depois de finalizada a sequência, quais são as qualidades do som apresentadas – e assim por diante, com o segundo grupo apresentando para o terceiro, o terceiro para o quarto etc.
4. As sequências serão cada vez mais longas, e as respostas devem ser dadas oralmente, sem escrever. Observem o que está sendo tocado, guardem na memória e respondam.
5. Quando um grupo errar, perde um participante.
6. O grupo vencedor será aquele que permanecer com mais integrantes ao final.

Autoavaliação

Nesta unidade, você relembrou e aprendeu a pesquisar sons produzidos pela sua voz, seu corpo e por instrumentos que podem ser musicais, de acordo com o que você quer ou imagina para construir sua música.

- Pensando no que você estudou nesta unidade sobre música, o que mais o surpreendeu?
- Em relação às músicas e aos sons que você ouviu, quais foram estranhos? Engraçados? Tristes? Chatos de ouvir?
- Mas... você gosta de ouvir música? E que tipos de música você ouve?
- Quais músicas sua família ouve? E as pessoas do seu bairro? Você gosta de ouvir as mesmas músicas? Por quê?

Artes Integradas

Indígenas da etnia pankararu e personagens místicos durante o ritual do Toré. Tacaratu (PE), 2014.

Dança dos Mascarados durante a Festa de São Benedito. Poconé (MT), 2016.

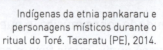

Por todo o Brasil, encontramos festas populares que reúnem em suas celebrações elementos de música, dança, encenações ou declamações, fantasias, figurino, adereços e cenários.

Somos muitos

Personagem da festa Boi-de-Mamão.
Florianópolis (SC), 2015.

Ciclo de Marabaixo.
Amapá (AP), 2015.

- Você costuma ir a estas festas?

Vamos falar de algumas delas, pensar e criar a partir do universo do folclore de sua região.

Festas populares: Quem sou, quem somos?

Nosso país é muito rico no que diz respeito às festas populares, com uma imensa variedade de manifestações culturais. Vamos fazer um rápido giro pelas regiões do país por meio destas festividades? A cada região, um festejo diferente.

Norte: Marabaixo – Amapá

O Marabaixo é uma festa popular típica do estado do Amapá. Mistura matrizes europeias e africanas e acontece sincronizada com as festas religiosas da Páscoa. Homens e mulheres misturam roupas brancas, coloridas e flores, dançam em rodopios e giros. O instrumento principal é uma espécie de tambor conhecido como caixa de marabaixo. Homens e mulheres cantam e improvisam os versos, chamados de *ladrão*. Qualquer pessoa pode participar das danças e festejos.

As origens do Marabaixo estão ligadas à herança cultural que os negros escravizados trouxeram para a região, a partir do século XVIII. Não há muita precisão a respeito da origem do nome, com versões que variam de uma possível origem árabe – *marabut* quer dizer "saudar os deuses" – até a junção das palavras mar e abaixo, em uma referência aos navios negreiros que trouxeram negros sequestrados na África para o Brasil.

Centro-Oeste: Dança dos mascarados – Mato Grosso

A cidade de Poconé, no estado do Mato Grosso, realiza anualmente celebrações ligadas a São Benedito. Trata-se de uma festa popular em que parte da comunidade se envolve em sua preparação.

Há um momento importante da festividade, conhecido como Dança dos Mascarados, em que um grupo de homens realiza uma vigorosa dança, que dura cerca de duas horas e conta com música de influência europeia, especialmente espanhola, misturada a ritmos de origem africana e indígena.

Segundo a tradição, mulheres não participam da dança, mas metade do grupo usa vestidos, representando as damas, enquanto a outra metade se veste como cavalheiros.

Várias coreografias se seguem, de danças com movimentos ininterruptos a uma que cruza fitas coloridas. Os dançarinos ficam mascarados o tempo inteiro e por isso a manifestação leva esse nome. As máscaras são feitas de arame e um tipo de massa, com cores que diferenciam cavalheiros e damas. As roupas são coloridas, ornamentadas e os dançarinos usam adereços brilhantes.

Dança dos mascarados. Poconé (MT), 2016.

Sul: Boi-de-Mamão – Santa Catarina

O Boi-de-Mamão é um festejo muito presente no estado de Santa Catarina, especialmente nas cidades do litoral. As festas ligadas ao boi acontecem em todo o país, mas vão ganhando características próprias em cada lugar.

Até o início do século passado, era conhecido como Boi-de-Pano. Não há precisão histórica sobre o nome atual, mas versões dizem que, na falta de outro material, a cabeça do boi foi construída com um grande mamão verde. É uma espécie de encenação com roteiro e personagens que se repetem: o boi morre e é ressuscitado.

Personagem Bernúncia, da tradicional festa Boi-de-Mamão. Florianópolis (SC), 2013.

Os personagens recorrentes geralmente são: o Boi-de-Mamão; Bernúncia, uma espécie de animal fantástico, como um bicho-papão que brinca de assustar as crianças presentes, "comendo" algumas delas; Maricota, uma mulher de grande estatura que gira acertando suas mãos de boneca no público; cavalinho, responsável por laçar o boi furioso; cabra; entre outros, com variações a cada lugar. Os personagens são construídos com tecidos e papel machê e têm movimentos próprios.

Nordeste: Ritual do Toré – Pernambuco

A viagem de alguns integrantes da comunidade indígena dos pankararu até Juazeiro do Norte, nas festividades do feriado de finados, é um exemplo de mistura de tradições indígenas, europeias e africanas, tanto do ponto de vista cultural quanto religioso.

Nessa época, os indígenas viajantes levam para a cidade o ritual do Toré, que envolve personagens chamados de Encantados. Esses seres, dentro da mitologia pankararu, habitam o mundo invisível e, nas festas, visitam o mundo visível por meio das pessoas que os representam com vestes características feitas de palha e que cobrem todo o corpo.

Os participantes acreditam que os Encantados fazem a conexão dos seres que foram habitar o invisível com as pessoas que habitam nosso mundo.

Encantados no ritual do Toré, Tacaratu (PE), 2014.

Sudeste: Congo

Com origens indígenas e negras, o congo ganhou algumas características próprias de coreografia e musicalidade em alguns estados, como no Espírito Santo. No entanto, trata-se de um ritmo presente em várias regiões do Brasil, como no Ceará.

Reisado de congo São Miguel Arcanjo. Barbalha (CE), 2017.

Os instrumentos são simples e geralmente construídos especialmente para a ocasião: tambores, caixas, chocalhos, triângulos, pandeiros, "casacas" (espécie de reco-reco decorado com uma cabeça humana esculpida em madeira), entre outros. As canções abordam temas variados, bastante tradicionais, que trazem o imaginário do período de escravidão, temas religiosos, o amor e o mar. Além dos músicos, há os dançarinos que realizam coreografias específicas sob a orientação de um mestre.

Patrimônio cultural: raízes, misturas e vozes

Manifestações culturais coletivas como essas acontecem em todo o país, com variações de temas, visualidades, músicas, encenações e coreografias e muitas vezes ligadas a festas religiosas. Geralmente, há várias linguagens artísticas presentes: música, dança, artes visuais, teatro. A mesma festa pode adquirir características bastante variadas em diferentes lugares do país, de acordo com o contexto de cada lugar e as raízes culturais das comunidades.

Em alguns lugares, a origem europeia é a mais perceptível, seja na música, nos movimentos ou na visualidade. Em outros, a influência africana é evidente, ou ainda os elementos indígenas. Em comum, todas contam com a participação da comunidade, que se vê, ao menos nesses momentos, compartilhando tradições, códigos culturais e suas histórias de vida. Parece que a cidade muda, como se pudesse ser outro lugar por um curto período. As ruas ficam enfeitadas; o movimento, ou mesmo o sentido das ruas, também muda; e, muitas vezes, as pessoas ocupam o lugar em que os carros normalmente circulam.

Mesmo as pessoas, quando participam diretamente de uma encenação como essa, parecem poder ser, ou representar, outras naquele espaço de tempo em que usam máscaras, roupas ornamentadas ou instrumentos musicais. É como se fosse possível construir, coletivamente, um momento que se destaca do tempo e da vida cotidiana, em que todos podem ser convidados a mergulhar numa realidade que é ao mesmo tempo real e inventada.

- Você já participou de alguma destas festividades? Como são as festas populares na sua região? Quais são os personagens que aparecem nesses festejos?

- Se já tiver participado, tem alguma favorita? O que te faz gostar mais dela?

Cultura material e imaterial: O que é meu, o que é nosso?

A partir dos exemplos apresentados das festas, podemos tentar identificar alguns elementos que são parte do patrimônio cultural daquela comunidade, ou seja, um conjunto de manifestações artísticas criadas por um grupo ou comunidade e que a representa de algum modo. Se pensarmos na origem da palavra *patrimônio*, isso fica mais evidente: sua raiz vem de *pater*, que significa "pai" em latim. A ideia é abarcar algo que passa de pai para filho, mas em um contexto maior, como se todos os pais e mães passassem algo a todos os filhos de um mesmo lugar. Trata-se da riqueza de uma comunidade, mas, nesse caso, da riqueza cultural, algo que todos constroem e usufruem juntos.

Vamos fazer um rápido exercício?

- Na sua opinião, quais elementos formam o patrimônio cultural da sua cidade?

Se esse conjunto de manifestações culturais pertence a uma comunidade, como são transmitidas a outras gerações? Será que fotografias das fantasias e máscaras seriam suficientes? Para pensar sobre isso, é preciso levar em conta uma diferenciação importante: quando falamos em patrimônio cultural, estamos nos referindo a dois conjuntos diferentes: o que chamamos *cultura material* e *cultura imaterial*.

Cultura material diz respeito a tudo o que tem algum tipo de registro da cultura de um povo que possui uma materialidade, ou seja, um elemento concreto. Podemos usar como exemplos de cultura material: museus, praças, monumentos, igrejas, vestimentas usadas nas festas que apresentamos neste capítulo, instrumentos musicais, objetos, entre outros.

Urna funerária em cerâmica, arte marajoara, 400 a 1400 d.C. Rio de Janeiro (RJ), 2016.

Produção artesanal de panelas de barro da Associação das Paneleiras de Goiabeiras. Vitória (ES), 2011.

Cultura imaterial diz respeito àqueles elementos que não podemos armazenar por eles mesmos, ou seja, que não têm materialidade em si. Está relacionada a tradições e aos registros culturais de uma sociedade, mas ligada ao que não podemos tocar. Está ligada ao dia a dia de uma comunidade (de seus indivíduos ou de organizações coletivas), às suas práticas, às características particulares de cada uma delas.

São exemplos de cultura imaterial: rituais, festas, danças, melodias, culinária, linguagem, entre outros. Este tipo de manifestação, pela sua natureza, sofre modificações ao longo do tempo, construídas coletivamente. Essas mudanças também são parte da história daquela sociedade, mas é preciso que haja ações de preservação do patrimônio em diferentes épocas. Vários recursos podem ajudar a preservar a cultura imaterial, como registros, tanto fotográficos quanto gravações e transcrições, estímulo e preservação das tradições passadas de geração a geração.

Grupo Samba-Lenço de Mauá. São Paulo (SP), 2017.

Personagens: narrativas que vêm daqui

Agora que já fizemos uma rápida viagem por algumas festas de todas as regiões do país, você pode olhar com mais cuidado para a sua própria comunidade. Pensando no patrimônio cultural da sua região, vamos focar nos personagens que habitam esse universo. Quais são os que se destacam?

Para fazer este levantamento, vale pensar em muitos modos de pesquisa: buscar na biblioteca da escola ou da cidade, na internet e conversar com seus pais, avós, professores e vizinhos são algumas das possibilidades. A ideia é levantar o maior número possível de manifestações culturais e levá-las para a sala de aula para compor um universo com seus colegas.

Conversem entre vocês, em conjunto com o professor, retomando a lista das festas e manifestações culturais de sua região. Memória reavivada? É hora de arregaçar as mangas para um projeto coletivo!

Etapas

1. A partir de cada um dos itens listados, pensem com cuidado: Quais são os personagens que participam dos festejos em sua região? Vamos usar como exemplo o Boi-de-Mamão, que vimos neste capítulo: seriam o próprio boi, Bernúncia, a cabra, o cavalinho, o doutor... Tentem levantar o maior número de personagens possível. Não precisa ser apenas os que estão pre-

sentes nos festejos: vale também os que aparecem em outras situações e que todos ou vários de vocês conheçam. O importante é que sejam reconhecidos e presentes na região em que vocês moram.

2. Ao lado de cada personagem, façam uma lista de três características que os representem. Por exemplo: coragem, humor, força, esperteza etc.

3. Com a lista final de personagens em mãos, é hora de colocar a mão na massa: o professor terá organizado, a partir do material que possui, bases de papelão ou cartolina de tamanho igual para todos os personagens. Vamos usar cada uma delas para representar um deles. Agora é a hora de recorrer às características listadas por vocês: elas o ajudarão a pensar um modo de representar cada um dos personagens. Deixe livre o espaço equivalente a um terço do tamanho do papel, na parte de baixo, para uma segunda ação que será feita com elas.

4. Dividam-se em duplas ou trios para criar os personagens. O número de integrantes do grupo vai variar de acordo com a quantidade de personagens listados. Quanto mais deles vocês levantarem e produzirem, melhor será para a realização do jogo que faremos a seguir.

5. Coloquem o nome do personagem na parte superior da imagem que criaram. Agora, com a ajuda de um celular de alguém da turma ou do professor, fotografem cuidadosamente cada uma delas. Tomem cuidado para que a imagem ocupe toda a fotografia e para que sua mão não faça sombra sobre a imagem.

Meus personagens: daqui para o mundo!

Com a ajuda de seu professor, vocês vão compartilhar todo o levantamento que fizeram com uma comunidade bem maior. É hora de usar a tecnologia para apresentar o patrimônio cultural de sua região para outros lugares. Serão duas ações: compartilhar as pesquisas que realizaram e organizar uma galeria virtual com os personagens pesquisados, imaginados e criados por vocês. Vamos a cada uma delas:

1. Preparação do material: organizem a pesquisa em um texto, que pode ser escrito coletivamente em sala de aula. Reúnam imagens, fotografias, entrevistas filmadas, qualquer recurso em formato digital. Seu professor vai buscar ferramentas de compartilhamento de imagem e texto, gratuitas, para que todo o conteúdo pesquisado e reunido por vocês possa ser compartilhado. Pense que um colega da mesma idade que você, que mora em um lugar bastante distante, pode querer conhecer as festas de sua região e poderá contar com a ajuda de sua pesquisa!

2. Compartilhamento das pesquisas: há várias ferramentas gratuitas de compartilhamento de imagens na internet, bem como redes sociais só de imagens. Seu professor vai organizar o conjunto criado por vocês nessas plataformas.

3. Divulgação: quando tudo estiver *on-line*, convidem amigos, familiares e vizinhos para conhecê-lo. Vocês podem retomar as conversas sobre os festejos e, quem sabe, ainda ampliar o número de personagens conhecidos por meio desse contato. A conversa pode render boas histórias com base na vivência das pessoas com os personagens do folclore de sua região!

Momento lúdico

Agora que vocês já criaram as imagens dos personagens, vamos fazer uma brincadeira! Juntos, construiremos um jogo educativo para brincar com os personagens do folclore de sua região. Funcionará assim:

Preparação

Glossário

Astúcia: habilidade de lidar com as mais diversas situações, uma espécie de inteligência prática.

1. Em conjunto com todos na classe, olhem para o universo de personagens que representaram. Dentre eles, há algum que vocês consideram mais importante ou destacado do que os outros? É preciso escolher somente um. Se for preciso, vocês podem fazer uma votação. Separe essa carta das demais.
2. Agora, vamos usar a parte de baixo das cartas, que deixamos livre: escreveremos três categorias: força, **astúcia** e beleza. Abaixo disso, mais duas palavras: movimento e música.
3. Coletivamente, decidam como farão a divisão da energia de cada personagem. Cada um deles terá uma soma total de sete estrelas, divididas entre as três categorias. Voltando ao exemplo do Boi-de-Mamão, vamos pensar na Bernúncia, só para compreender a divisão: decidam coletivamente quantas estrelas ela teria de força, quantas de esperteza e quantas de beleza. Um dos alunos faz, então, o registro das decisões na própria carta, como indicado na figura. Pronto, está criada a primeira carta do jogo de personagens. Agora façam isso com todas as outras.
4. Peguem a carta que vocês consideraram a principal. Em vez de inserir as categorias, vocês vão escrever na parte de baixo: *supertrunfo!* Esta carta sempre ganhará das outras.

Hora do desafio

Coloquem todas as cartas em um monte, no meio da mesa. Brincam duas pessoas por vez. Depois de embaralhar o conjunto, cada uma tira três cartas do monte, sem que o outro veja. Serão três rodadas, sendo o vencedor quem conseguir ganhar o maior número de vezes. A cada uma delas, uma das categorias será colocada à prova: força, astúcia e beleza. Quem colocar a carta com maior pontuação na categoria da vez, vence. Há um recurso, porém: o perdedor pode pedir para realizar uma das armas da carta: movimento ou música. Se desejar entrar com este recurso, desafia o oponente a realizar o movimento característico de alguma das duas cartas, à sua escolha. Uma segunda etapa pode envolver uma música relacionada a ele, seja dos festejos ou de conhecimento popular – sempre ligada ao personagem da carta. É importante que um juiz seja nomeado para escolher qual dos dois realizou a *performance* mais interessante. Nesse caso, o vencedor é determinado por esse voto. A única carta que pode ganhar de todas sem discussão é o *supertrunfo*. Vocês podem jogar quantas rodadas quiserem.

Atenção: o número de cartas pode ser aumentado à medida que vocês forem se lembrando de novos personagens e acrescentando novas cartas ao conjunto. É importante lembrar que a base de papel tem de ser igual em todas elas, para que não se saiba antes de qual carta se trata.

Chegada

Construção da comunidade

Vimos, neste capítulo, várias manifestações culturais pelo Brasil. Danças, festas, celebrações que passaram por gerações. A partir do olhar sobre algumas delas, também aprendemos as diferentes naturezas do patrimônio cultural brasileiro: os objetos culturais podem ser classificados em materiais ou imateriais, e o modo como são formados, protegidos, transmitidos e perpetuados também são diferentes. Nos dois casos, carregam em si a história da comunidade em que foram gerados.

- Você já parou para pensar que a sua escola também é uma comunidade formada por um agrupamento de pessoas diferentes, mas que carrega uma identidade e uma história comum a todos que já estiveram nela?

Vamos investigar a história e a identidade de sua escola? Junto a seus colegas, criem grupos que investigarão diferentes temas, a fim de formar um panorama do patrimônio que a comunidade escolar construiu conjuntamente ao longo do tempo. Cada equipe será responsável pela pesquisa de um aspecto diferente. Busquem histórias, imagens, depoimentos, fotografias, enfim, tudo o que puder ajudar a reconstruir a memória da comunidade escolar em que habitam.

Depois da pesquisa realizada, vocês usarão uma aula para compartilhar o resultado. É hora de contar tudo o que conseguiram pesquisar. Não se preocupem apenas com os resultados mais organizados, como documentos ou fotografias, mas apresentem também os aspectos curiosos, engraçados e inesperados.

Para finalizar este processo, que tal contar a história da escola na perspectiva de vocês? Usando toda a pesquisa feita coletivamente, vocês podem criar um roteiro de peça de teatro e apresentá-la para o resto da comunidade, incluindo funcionários e familiares. Pensem em como gostariam de encenar a representação, organizem equipes de trabalho (atores, direção, cenógrafos, figurinistas etc.) e mãos à obra. Não se preocupem com recursos muito caros ou difíceis de conseguir: a ideia é usar o material que vocês têm disponível na escola ou em casa.

Vale ainda fazer campanhas com os colegas para recolher itens que podem ser usados na montagem. O importante é compartilhar a vivência da pesquisa e a história com as outras pessoas que vivem ou viveram nessa comunidade escolar. Não se esqueça de convidar a todos os que participaram da etapa de entrevistas: ex-funcionários, familiares, conhecidos, vizinhos etc.

Autoavaliação

Neste capítulo, fizemos um breve panorama de algumas celebrações que acontecem no Brasil e também conhecemos conceitos de patrimônio cultural. A partir do que vimos, responda:

- Você consegue encontrar alguma relação entre as referências culturais de sua família e as manifestações culturais coletivas que acontecem em sua região?

- Você consegue mapear histórias contadas por sua família e amigos que passam de geração em geração e que, embora não tenham sido escritas em livros, todos conhecem?

- Você acha que a riqueza cultural de sua região dialoga com sua identidade pessoal, ou seja, com o modo particular que você entende o mundo?

REFERÊNCIAS

ALVES, Januária Cristina. *Abecedário de personagens do folclore brasileiro*. São Paulo: FTD Educação; Edições Sesc São Paulo, 2017.

ARCHER, Michael. *Arte contemporânea*: uma história concisa. São Paulo: Martins Fontes, 2001.

AZEVEDO, Ricardo. *Cultura da terra*. São Paulo: Moderna, 2008.

BAIOCCHI, Maura. *Dança*: veredas d'alma. São Paulo: Palas Athena, 1995.

BARBOSA, Ana Mae. *A imagem no ensino de Arte*. 8. ed. São Paulo: Perspectiva, 2010.

_____. *John Dewey e o ensino de Arte no Brasil*. São Paulo: Cortez, 2001.

BOURCIER, Paul. *História da dança no ocidente*. São Paulo: Martins Fontes, 2001.

CHRISTOV, Luiza Helena da Silva; MATTOS, Simone Aparecida Ribeiro. *Arte educação*: experiências, questões e possibilidades. São Paulo: Expressão e Arte, 2006.

CYPRIANO, Fábio. *Pina Bausch*. São Paulo: Cosac Naify, 2005.

DONDIS, Donis A. *Sintaxe da linguagem visual*. São Paulo: Martins Fontes, 1997.

FONTERRADA, Marisa Trench de Oliveira. *De tramas e fios*: um ensaio sobre música e educação. 2. ed. São Paulo: Unesp, 2008.

FREIRE, Paulo. *Pedagogia da autonomia*: saberes necessários à prática educativa. São Paulo: Paz e Terra, 1996.

GOMBRICH, Ernst. *A história da arte*. 15. ed. Rio de Janeiro: LTC, 1993.

GOODMAN, Nelson. *Linguagem da arte*: uma abordagem a uma teoria dos símbolos. Lisboa: Gradiva, 1976.

HERNÁNDEZ, Fernando. *Catadores da cultura visual*: proposta para uma nova narrativa educacional. Porto Alegre: Mediação, 2007.

_____. *Transgressão e mudança na educação*: os projetos de trabalho. Porto Alegre: Artmed, 1998.

HINDEMITH, Paul. *Treinamento elementar para músicos*. São Paulo: Ricordi, 1988.

HUIZINGA, Johan. *Homo ludens*. São Paulo: Perspectiva, 1999.

JACOBS, Joseph. *A história dos três porquinhos*: um conto de fadas. Rio de Janeiro: Expresso Zahar, 2014.

KOUDELA, Ingrid D. *Jogos teatrais*. São Paulo: Perspectiva, 2001.

LABAN, Rudolf. *Domínio do movimento*. São Paulo: Summus, 1978.

LOBO, Lenora; NAVAS, Cassia. *Teatro do movimento*: um método para o intérprete criador. Brasília: LGE, 2007.

MACHADO, Regina. *Acordais*: fundamentos teórico-poéticos da arte de contar histórias. São Paulo: DCL, 2004.

MARTINS, Mirian Celeste; PICOSQUE, Gisa. *Mediação cultural para professores andarilhos na cultura*. São Paulo: Intermeios, 2012.

_____; GUERRA, Maria Terezinha Telles. *A língua do mundo*: poetizar, fruir e conhecer arte. São Paulo: FTD, 1998.

MILLER, Jussara. *A escuta do corpo*: sistematização da técnica Klauss Vianna. 2. ed. São Paulo: Summus, 2007.

MOREIRA, Eduardo da Luz. *Os gigantes da montanha*. Belo Horizonte: Edições CPMT, 2014.

MORIN, Edgar. *Os sete saberes necessários à educação do futuro*. São Paulo: Cortez, 2006.

OSTROWER, Fayga Perla. *Universos da arte*. 9. ed. Rio de Janeiro. Campus, 1991.

PILLAR, Analice Dutra. *A educação do olhar no ensino das artes*. 8. ed. Porto Alegre: Mediação, 2014.

SALLES, Cecilia Almeida. *Redes de criação*: construção da obra de arte. São Paulo: Horizonte, 2006.

SANTOS, Milton. *A natureza do espaço*: técnica e tempo, razão e emoção. São Paulo: Edusp, 2006.

_____. *Da totalidade do lugar*. São Paulo: Edusp, 2005.

_____. *Por uma outra globalização*: do pensamento único à consciência universal. Rio de Janeiro: Record, 2003.

SCHAFER, R. Murray. *A afinação do mundo*. São Paulo: Unesp, 1997.

_____. *O ouvido pensante*. São Paulo: Unesp, 1992.

SPOLIN, Viola. *Improvisação para o teatro*. São Paulo: Perspectiva, 2010.

_____. *O fichário de Viola Spolin*. São Paulo: Perspectiva, 2003.

DOCUMENTOS

BRASIL. *Diretrizes curriculares nacionais da Educação Básica*. Brasília: Ministério da Educação/Secretaria de Educação Básica, 2013.

_____. *Base Nacional Comum Curricular*. Brasília: Ministério da Educação/Secretaria da Educação Básica, 2018. Disponível em: <http://basenacionalcomum.mec.gov.br>. Acesso em: mar. 2019.

REFERÊNCIAS *ON-LINE*

BARBOSA, Yeda (Coord.). Frevo. Brasília, DF: Iphan, 2016. Disponível em: <http://portal.iphan.gov.br/uploads/ckfinder/arquivos/DossieIphan14_Frevo_web.pdf>. Acesso em: mar. 2019.

EMBRAPA. Disponível em: <www.embrapa.br/>. Acesso em: mar. 2019.

INSTITUTO SOCIOAMBIENTAL. Disponível em: <https://pib.socioambiental.org/pt/P%C3%A1gina_principal>. Acesso em: mar. 2019.

IPHAN. *Cantos e danças dos carimbozeiros*. Disponível em: <http://portal.iphan.gov.br/pagina/detalhes/1053/>. Acesso em: mar. 2019.

_____. *Fandango caiçara*: expressões de um sistema cultural. 2011. Disponível em: <http://portal.iphan.gov.br/uploads/publicacao/Dossie_fandango_caicara1.pdf>. Acesso em: mar. 2019.

_____. *Matrizes do samba no Rio de Janeiro*: partido-alto, samba de terreiro, samba-enredo. 2014. Disponível em: <http://portal. iphan.gov.br/uploads/publicacao/DossieSambaWeb.pdf>. Acesso em: mar. 2019.

_____. *Roda de capoeira e ofício dos mestres de capoeira*. 2014. Disponível em: <http://portal.iphan.gov.br/uploads/publicacao/DossieCapoeiraWeb.pdf>. Acesso em: mar. 2019.

_____. *Samba de roda do Recôncavo Baiano*. 2006. Disponível em: <http://portal.iphan.gov.br/uploads/publicacao/PatImDos_SambaRodaReconcavoBaiano_m.pdf>. Acesso em: mar. 2019.

ITAÚ CULTURAL. Disponível em: <www.itaucultural.org.br>. Acesso em: mar. 2019.

MUSEU CASA DO PONTAL. Disponível em: <www.museucasadopontal.com.br>. Acesso em: mar. 2019.

MUSEU DA DANÇA. Disponível em: <http://museudadanca.com.br/>. Acesso em: mar. 2019.

MUSEU DO ÍNDIO FUNAI. Disponível em: <www.museudoindio.gov.br/>. Acesso em: mar. 2019.

PINACOTECA DO ESTADO DE SÃO PAULO. Disponível em: <http://pinacoteca.org.br/>. Acesso em: mar. 2019.

TOLENTINO, Átila Bezerra; BRAGA, Emanuel Oliveira (Org.). *Educação patrimonial*: políticas, relações de poder e ações afirmativas. Brasília, DF: Iphan, 2016. Disponível em: <http://portal.iphan.gov.br/uploads/publicacao/caderno_tematico_educacao_patrimonial_05.pdf>. Acesso em: mar. 2019.